Plan de Gestión de la Diversidad LGTBI en la Empresa

ICB Editores (Interconsulting Bureau S.L.)
C/ Flauta Mágica, 1 local 1B
P.I. Alameda 29006 – Málaga. España
Tfno: (+34) 952 28 87 67
info@icbeditores.com
www.icbeditores.com

Plan de Gestión de la Diversidad LGTBI en la Empresa

Coordinadora de la obra: María Dolores Pérez Rodríguez
Licenciada en Pedagogía por la Universidad de Málaga

1ª edición, 09/2024

ISBN: 978-84-10261-98-3

Impreso en España - *Printed in Spain*

Código: MAIC005167

C.20230330104138 - M.20240923100539

ÍNDICE

1. Igualdad de Oportunidades entre Mujeres y Hombres

1.1. Orientación Sexual

1.2. La Libertad Sexual desde una Perspectiva Social y Psicológica

1.3. Ley para la Igualdad Real y Efectiva de las Personas Trans y para la Garantía de los Derechos de las Personas

1.4. Buenas Prácticas para la Inclusión LGTBI

1.5. Protocolo de Actuación Frente el Acoso Sexual

MÓDULO

1. Igualdad de Oportunidades entre Mujeres y Hombres

Contenido del Módulo

ICB
EDITORES

UNIDAD

1.1. Orientación Sexual

Contenido de la Unidad

- Definición y Evolución de la Orientación Sexual
- Diversidad Sexual
- Resumen

1. Definición y Evolución de la Orientación Sexual

1.1. Concepto de Orientación Sexual

La orientación sexual es un componente esencial de la identidad de una persona, que describe hacia quién se siente atraída emocional, romántica y sexualmente. Este aspecto de la identidad humana es complejo y muestra una gran diversidad entre individuos. La orientación sexual trasciende la mera atracción física, incluyendo componentes emocionales y románticos que pueden influir profundamente en cómo las personas experimentan y definen sus relaciones interpersonales.

La comprensión de la orientación sexual y la sexualidad ha experimentado una transformación significativa a lo largo de la historia. Desde las interpretaciones antiguas hasta los enfoques contemporáneos basados en la ciencia, la percepción social y legal de la orientación sexual ha cambiado drásticamente, reflejando los avances en el conocimiento científico y las variaciones en las normas culturales.

1.2. Evolución Histórica

1.2.1. Era Antigua y Edad Media

En las antiguas civilizaciones griega y romana, no existía un concepto equivalente a la "orientación sexual" moderna. Las prácticas sexuales se veían más a través del prisma de roles activos y pasivos que de la identidad sexual. Durante la Edad Media en Europa, las normas religiosas comenzaron a influir fuertemente en la percepción de la sexualidad, etiquetando muchas expresiones sexuales fuera del matrimonio heterosexual como inmorales o pecaminosas.

1.2.2. Renacimiento al Siglo XIX

El Renacimiento marcó una renovación en el interés por el cuerpo humano y la sexualidad, aunque las actitudes hacia la homosexualidad variaban ampliamente en Europa. No fue hasta el siglo XIX que se comenzó a medicalizar y patologizar las variaciones sexuales. Durante este periodo, figuras como Karl Heinrich Ulrichs empezaron a argumentar que la homosexualidad era innata y no un vicio adquirido, sentando las bases para la comprensión moderna de la orientación sexual.

Karl Heinrich Ulrichs fue un pionero en la defensa de los derechos de los homosexuales y uno de los primeros en teorizar sobre la sexualidad desde una perspectiva científica y humanista. Nacido el 28 de agosto de 1825 en Aurich, Alemania, Ulrichs fue un jurista y escritor que jugó un papel crucial en los primeros movimientos a favor de los derechos de las personas homosexuales.

Vida y Educación

Ulrichs estudió Derecho en las universidades de Gotinga y Berlín. Aunque inicialmente comenzó una carrera en el servicio civil, fue obligado a renunciar debido a su orientación sexual. Esta experiencia lo motivó a dedicar su vida a la defensa y el estudio de la homosexualidad.

Contribuciones al Estudio de la Sexualidad

En 1862, Ulrichs hizo algo revolucionario para su época: publicó una serie de panfletos bajo el pseudónimo de "Numa Numantius", donde discutía la naturaleza innata de la "Urningtum" (un término que él acuñó para describir la homosexualidad masculina). Ulrichs propuso que los "urnings" eran individuos masculinos que poseían un alma femenina, argumentando que su atracción hacia otros hombres era una característica innata y biológica, no un vicio moral o una enfermedad.

Teoría de la Tercera Sexo

Ulrichs desarrolló lo que podría considerarse una de las primeras teorías de la "tercera sexo". Según su teoría, los urnings no se ajustaban a las categorías convencionales de hombre o mujer, sino que constituían un tercer género con características propias y naturales. Esta teoría desafiaba las concepciones rígidas de género y sexualidad de la época.

Activismo y Legado

Ulrichs es considerado por muchos como el primer activista de derechos gay en la historia moderna. En 1867, se convirtió en la primera persona en hablar públicamente a favor de los derechos de los homosexuales cuando exigió la derogación de las leyes anti-homosexuales en el Congreso de Juristas Alemanes en Munich. Aunque fue silenciado y ridiculizado, su valentía sentó las bases para futuros movimientos de derechos civiles para la comunidad LGBTQ+.

Después de enfrentar considerable oposición en Alemania, Ulrichs se exilió a Italia, donde continuó escribiendo y defendiendo sus ideas hasta su muerte en 1895. Su obra no solo anticipó muchas de las discusiones contemporáneas sobre derechos civiles y diversidad sexual, sino que también inspiró a generaciones posteriores de activistas y académicos.

Reconocimiento Póstumo

Aunque Karl Heinrich Ulrichs fue marginado durante su vida, su trabajo ha sido redescubierto y celebrado en las últimas décadas como fundacional para los estudios de género y la lucha por los derechos de la comunidad LGBTQ+. Su audacia en expresar su verdad en un tiempo de gran represión lo convierte en una figura histórica significativa en la historia de la sexualidad humana.

1.2.3. Siglo XX: La Era de los Pioneros

En el siglo XX, la orientación sexual comenzó a ser objeto de estudio científico más formal. Alfred Kinsey publicó sus informes en los años 40 y 50, introduciendo la idea de que la sexualidad humana es mucho más fluida y variada de lo que se pensaba anteriormente. Su Escala de Kinsey desafiaba la dicotomía estricta de homosexualidad y heterosexualidad.

RANGO	DESCRIPCION	PORCENTAJE DE CONTACTOS HOMOSEXUALES	PORCENTAJE DE CONTACTOS HETEROSEXUALES
0	Exclusivamente heterosexual	0%	100%
1	Principalmente heterosexual, con contactos homosexuales esporádicos	1%-25%	99%-75%
2	Predominantemente heterosexual, aunque con contactos homosexuales más que esporádicos	26%-49%	74%-51%
3	Bisexual	50%	50%
4	Predominantemente homosexual, aunque con contactos heterosexuales más que esporádicos	51%-74%	49%-26%
5	Principalmente homosexual, con contactos heterosexuales esporádicos	75%-99%	25%-1%
6	Exclusivamente homosexual	100%	0%
X	Asexual, el individuo no presenta atracción sexual	0%	0%

Simultáneamente, Evelyn Hooker realizó estudios que demostraron que la homosexualidad no estaba correlacionada con desórdenes mentales, contribuyendo a un cambio gradual en la percepción médica y social de las orientaciones sexuales no heterosexuales.

1.2.4. Últimas Décadas del Siglo XX y Principios del XXI

Las últimas décadas del siglo XX vieron un cambio significativo hacia el reconocimiento de los derechos de las personas LGBTQ+. La despatologización de la homosexualidad en 1973 por parte de la Asociación Americana de Psicología fue un momento crucial. Investigadores como Lisa Diamond y Gregory Herek han expandido nuestra comprensión de la sexualidad más allá de las etiquetas, explorando la fluidez sexual y los efectos del estigma social.

Michael Bailey y otros han investigado las bases biológicas de la orientación sexual, sugiriendo un componente genético que influye en cómo las personas experimentan la atracción hacia los mismos o diferentes sexos.

1.2.5. Un Panorama en Continua Evolución

Hoy en día, la orientación sexual se entiende como una interacción compleja de factores biológicos, ambientales y personales. La sociedad ha comenzado a aceptar una gama más amplia de identidades sexuales y de género, aunque todavía existen desafíos significativos. El estudio de la orientación sexual y la sexualidad continúa evolucionando, alimentado por un diálogo global que reconoce y celebra la diversidad humana en todas sus formas.

2. Diversidad Sexual

2.1. La sexualidad

La sexualidad es un aspecto integral de la vida humana que abarca no solo la actividad sexual, sino también las emociones, las relaciones interpersonales, el género, la identidad y la expresión. La sexualidad es un aspecto vital de la salud física, emocional y psicológica, y puede tener un impacto significativo en la calidad de vida de las personas.

La sexualidad puede definirse como la forma en que las personas experimentan, expresan y se relacionan con su deseo sexual, su orientación sexual y su identidad de género. Aunque la sexualidad es un aspecto natural y normal de la vida, su comprensión y expresión pueden variar significativamente según la cultura, la religión y las normas sociales, sensaciones físicas, emociones y pensamientos.

El deseo sexual es una parte fundamental de la sexualidad, y se refiere a la atracción hacia otra persona. La orientación sexual se refiere a la atracción hacia personas del mismo sexo, del sexo opuesto o de ambos sexos, y puede ser diferente de una persona a otra.

La identidad de género se refiere a cómo una persona se identifica y se siente con relación a su género. La expresión de género se refiere a cómo una persona se presenta y se comporta en función de su género. Estos aspectos de la sexualidad pueden ser influenciados por factores biológicos, psicológicos y sociales.

Aunque la sexualidad puede ser una fuente de placer y satisfacción, también puede ser fuente de dolor y sufrimiento. La violencia sexual, la explotación sexual, la discriminación basada en la orientación sexual o la identidad de género, la falta de educación sexual adecuada y el acceso limitado a servicios de salud sexual y reproductiva son algunos de los problemas que enfrentan muchas personas en todo el mundo.

La educación sexual es una parte importante de la promoción de la salud sexual y reproductiva. La educación sexual debe ser accesible a todas las personas, independientemente de su edad, género, orientación sexual o identidad de género. La educación sexual debe proporcionar información precisa y científicamente basada sobre la sexualidad, el cuerpo humano y la salud sexual y reproductiva.

Además, la educación sexual debe incluir información sobre la prevención de enfermedades de transmisión sexual y la anticoncepción, así como información sobre la importancia de las relaciones saludables y el respeto mutuo en la sexualidad. La educación sexual también debe fomentar la aceptación y el respeto hacia todas las personas, independientemente de su orientación sexual o identidad de género.

Por su parte, la diversidad sexual abarca un amplio espectro de identidades y orientaciones que reflejan la rica variedad de experiencias humanas relacionadas con el amor, el deseo y la atracción. Reconocer y celebrar esta diversidad implica entender que la sexualidad no es un fenómeno uniforme ni estático, sino que varía de una persona a otra y puede cambiar a lo largo del tiempo.

La sociedad moderna ha comenzado a reconocer y respetar más profundamente las múltiples formas en que las personas viven y expresan su sexualidad, lo cual ha facilitado un diálogo más abierto y una mayor aceptación de estas diferencias.

2.2. Heterosexualidad

La heterosexualidad es una orientación sexual en la que una persona se siente atraída emocional, romántica y/o sexualmente por personas del sexo opuesto. Es decir, un heterosexual es una persona que se siente atraída por personas de género diferente al suyo.

La heterosexualidad es una de las orientaciones sexuales más comunes en todo el mundo y es considerada como la norma social predominante en muchas culturas y sociedades. Las personas heterosexuales pueden manifestar su orientación sexual a través de relaciones románticas, emocionales y/o sexuales con personas del sexo opuesto.

Es importante señalar que la heterosexualidad no es algo que se elige o se pueda cambiar. La orientación sexual es una parte integral de la identidad de una persona y no es una elección. Además, la heterosexualidad no es superior ni inferior a otras orientaciones sexuales y todas las formas de sexualidad son igualmente válidas y deben ser respetadas.

A lo largo de la historia, la heterosexualidad ha sido considerada como la única forma de sexualidad "normal" y "aceptable" en muchas culturas y sociedades. Esto ha llevado a la discriminación, la estigmatización y la marginalización de personas que no se identifican como heterosexuales.

Sin embargo, cada vez más personas y sociedades están reconociendo la diversidad y complejidad de la sexualidad humana, y trabajando para promover la aceptación y el respeto hacia todas las orientaciones sexuales.

En resumen, la heterosexualidad es una orientación sexual en la que una persona se siente atraída por personas de género diferente al suyo. Es importante reconocer que todas las formas de sexualidad son igualmente válidas y deben ser respetadas, y trabajar para promover la aceptación y el respeto hacia la diversidad sexual en nuestras sociedades.

2.3. Homosexualidad

La homosexualidad es una orientación sexual en la que una persona se siente atraída emocional, romántica y/o sexualmente por personas del mismo género. Un homosexual es una persona que se identifica como tal y siente atracción sexual, emocional o romántica por personas del mismo sexo.

La homosexualidad ha sido parte de la diversidad sexual y humana desde tiempos inmemoriales. Sin embargo, a lo largo de la historia, ha sido objeto de discriminación, estigmatización y criminalización en muchas culturas y sociedades.

En la actualidad, la homosexualidad es reconocida por muchas sociedades como una forma natural y normal de expresión sexual y emocional. En muchos países, se han establecido leyes para proteger los derechos de las personas homosexuales y garantizar su igualdad ante la ley. Sin embargo, todavía existen muchos lugares en el mundo donde la homosexualidad es ilegal y donde las personas homosexuales son objeto de discriminación, violencia y opresión.

Es importante señalar que la homosexualidad no es una elección, sino una parte integral de la identidad de una persona. La orientación sexual es algo que se siente, no algo que se elige. Las personas homosexuales pueden expresar su sexualidad a través de relaciones románticas, emocionales y/o sexuales con personas del mismo sexo.

Las personas homosexuales enfrentan desafíos y obstáculos únicos en sus vidas, incluyendo la discriminación y el estigma social, la falta de acceso a servicios de salud sexual y reproductiva, y la exclusión de ciertos derechos y privilegios que son otorgados a las personas heterosexuales. Sin embargo, muchas personas homosexuales también han encontrado amor, felicidad y realización en sus relaciones y en sus vidas en general.

En resumen, la homosexualidad es una orientación sexual en la que una persona se siente atraída por personas del mismo género. Las personas homosexuales enfrentan desafíos únicos en sus vidas, pero también pueden encontrar amor, felicidad y realización en sus relaciones y en sus vidas en general.

Es importante reconocer y respetar la diversidad sexual en nuestras sociedades y trabajar para promover la igualdad y la inclusión de todas las personas, independientemente de su orientación sexual.

2.4. Bisexualidad

Una persona bisexual es alguien que se siente atraída emocional, romántica y/o sexualmente por personas de más de un género. Es decir, una persona bisexual puede sentir atracción hacia personas del mismo género y también del género opuesto o de otros géneros.

La bisexualidad es una orientación sexual válida y real, y es una parte de la diversidad sexual humana. A menudo, las personas bisexuales enfrentan desafíos únicos en la sociedad, incluyendo la discriminación y la estigmatización por parte de aquellos que no entienden o aceptan la bisexualidad.

Es importante tener en cuenta que la bisexualidad no significa que la persona esté interesada en todas las personas de todos los géneros. Cada persona bisexual es única y puede experimentar su bisexualidad de manera diferente. Además, la bisexualidad no es una fase o una elección, sino una parte integral de la identidad de una persona.

Es común que las personas bisexuales se enfrenten a prejuicios y estereotipos en la sociedad. Por ejemplo, a menudo se les acusa de ser "indecisos" o de "estar confundidos" en su orientación sexual. También pueden enfrentar la presión de elegir entre una orientación sexual u otra, lo cual puede ser una fuente de estrés y conflicto.

Es importante que las personas bisexuales sean respetadas y aceptadas, al igual que todas las personas, independientemente de su orientación sexual. Las personas bisexuales tienen derecho a explorar y expresar su sexualidad de la manera que deseen, sin temor a la discriminación o el rechazo.

En resumen, una persona bisexual es alguien que se siente atraída emocional, romántica y/o sexualmente por personas de más de un género. La bisexualidad es una orientación sexual válida y real, y las personas bisexuales merecen ser respetadas y aceptadas en la sociedad.

2.5. Transexualidad

Una persona transexual es alguien que experimenta una disonancia entre su género biológico y su identidad de género. Es decir, una persona transexual se identifica como un género diferente al que se le asignó al nacer en base a su sexo biológico.

Es importante tener en cuenta que la identidad de género no está necesariamente relacionada con la anatomía o los cromosomas de una persona. La identidad de género es algo que se siente en el interior de una persona y puede ser diferente de su sexo biológico.

Las personas transexuales pueden sentir disforia de género, que es una sensación de incomodidad o malestar debido a la discrepancia entre su género biológico y su identidad de género. Muchas personas transexuales buscan tratamiento médico y/o terapia para ayudarles a aliviar la disforia de género y/o para hacer la transición a su género deseado.

La transición de género puede implicar una variedad de cambios, tanto físicos como sociales. Estos cambios pueden incluir terapia hormonal, cirugía de reasignación de género, cambios legales de nombre y género, y cambios en la presentación de género. Es importante destacar que la transición de género es un proceso personal y único para cada persona, y no todas las personas transexuales eligen hacer una transición física completa.

Las personas transexuales enfrentan muchos desafíos y obstáculos en la sociedad, incluyendo la discriminación, el acoso y la violencia. Además, a menudo enfrentan barreras para obtener atención médica adecuada y para acceder a servicios sociales y legales.

Es importante que las personas transexuales sean respetadas y aceptadas en la sociedad, al igual que todas las personas. La discriminación y la estigmatización de las personas transexuales pueden tener un impacto negativo en su salud mental y física.

En resumen, una persona transexual es alguien que experimenta una disonancia entre su género biológico y su identidad de género. La transición de género puede implicar cambios físicos y sociales, y cada persona transexual tiene su propio proceso único. Es importante que las personas transexuales sean respetadas y aceptadas en la sociedad, y que se les brinde acceso a atención médica y servicios sociales adecuados.

Evolución histórica y conceptual del término "transexualismo".

Magnus Hirschfeld introdujo este término en 1923 como una categoría clínica en el Instituto para la Ciencia Sexual en Alemania, donde se ofrecían servicios médicos y quirúrgicos para personas transexuales. Harry Benjamin desarrolló posteriormente este concepto en Estados Unidos, donde se popularizó más adelante. La primera cirugía de reasignación de sexo moderna se llevó a cabo en la década de 1930 en este instituto. A partir de la Segunda Guerra Mundial, hubo avances significativos en endocrinología y cirugía plástica, facilitando tratamientos más extensivos en Europa y Estados Unidos. Robert Stoller fue el primero en describir la transexualidad como una condición separada, relacionándola con la identidad de género frente al sexo biológico. Con el tiempo, la transexualidad ha dejado de ser considerada exclusivamente patológica y ha ganado aceptación social, impulsando movimientos para eliminar su clasificación como trastorno mental en favor de abordajes que reduzcan la estigmatización y promuevan los derechos humanos.

2.6. Otras formas de entender la sexualidad

Explorar otras formas de entender la sexualidad implica mirar más allá de las categorías tradicionales y reconocer un espectro más amplio de experiencias y expresiones sexuales. En la sociedad contemporánea, se está ampliando la comprensión de que la sexualidad no solo está definida por la orientación sexual o la identidad de género, sino que también puede ser influenciada por factores culturales, emocionales y situacionales.

Reconocer y valorar estas diversas formas de vivir la sexualidad no solo enriquece nuestra comprensión de la experiencia humana, sino que también promueve un entorno más inclusivo y empático que respeta la individualidad y la autonomía personal en la esfera de la sexualidad.

2.6.1. Asexualidad:

La asexualidad se refiere a la falta de atracción sexual hacia otras personas, independientemente de su género o identidad sexual. Las personas asexuales pueden tener poco o ningún interés en la actividad sexual, aunque pueden experimentar atracción romántica y formar relaciones profundas y significativas basadas en la intimidad emocional y el afecto.

La asexualidad es considerada una orientación sexual válida y se encuentra bajo el paraguas de la comunidad LGBTQ+ debido a su divergencia de las normas sexuales predominantes. Es importante destacar que la asexualidad varía ampliamente; algunas personas asexuales disfrutan de la cercanía física en formas no sexuales, mientras que otras pueden no desear ese tipo de intimidad en absoluto.

1897: La reformista sexual alemana Emma Trosse dio la primera definición de asexualidad en su trabajo Ein Weib

Uno de los ejemplos más destacados de alguien que se ha declarado públicamente como asexual es el músico británico David Jay. Jay es el fundador de la Asexual Visibility and Education Network (AVEN), una de las organizaciones más prominentes dedicadas a aumentar la visibilidad y la comprensión de la asexualidad. A través de su activismo y trabajo con AVEN, David Jay ha contribuido significativamente a la sensibilización sobre la asexualidad y ha proporcionado apoyo a personas asexuales en todo el mundo.

2.6.2. Pansexualidad:

La pansexualidad es la atracción sexual, emocional o romántica hacia personas de cualquier género o identidad sexual. A diferencia de la bisexualidad, que se refiere a la atracción hacia más de un género, la pansexualidad implica una potencial atracción hacia todos los géneros, incluidos aquellos que no se ajustan a las categorías binarias de hombre o mujer. Las personas pansexuales pueden sentirse atraídas por la personalidad o por otros aspectos de un individuo más que por su género específico. Esta orientación enfatiza la fluidez y la apertura en la atracción sexual y puede superar las limitaciones percibidas de etiquetas más tradicionales.

2.6.3. Demisexualidad:

La demisexualidad se caracteriza por la experiencia de atracción sexual solo después de que se ha establecido una conexión emocional significativa. Las personas demisexuales no suelen sentir atracción sexual de manera inicial o basada únicamente en la apariencia física; en cambio, la atracción sexual surge para ellos como resultado de lazos emocionales profundos y relaciones personales estrechas.

La demisexualidad destaca cómo la atracción sexual puede ser profundamente entrelazada con la conexión emocional para algunas personas, diferenciándola de otras orientaciones que pueden experimentar atracción sexual de manera más inmediata o independiente de la conexión emocional.

2.6.4. Polisexualidad:

La polisexualidad se refiere a la atracción sexual, emocional o romántica hacia personas de múltiples, pero no necesariamente todos, géneros. A diferencia de la pansexualidad, que implica una atracción potencial hacia personas de cualquier género, la polisexualidad sugiere una atracción que puede ser selectiva a varios géneros, pero no abarca todos. Esta orientación reconoce y valida la existencia de más géneros que los tradicionales masculino y femenino y se centra en la atracción hacia múltiples de estos géneros sin ser universal. Las personas polisexuales pueden tener preferencias particulares que incluyan combinaciones específicas de géneros.

2.6.5. Omnisexualidad:

La omnisexualidad es la atracción sexual, emocional o romántica hacia personas de todos los géneros, reconociendo y respondiendo a la existencia de esos géneros. Aunque a menudo se confunde con la pansexualidad, la omnisexualidad se diferencia en que las personas omnisexuales suelen ser conscientes de los géneros hacia los que se sienten atraídas y consideran el género como una parte integral de su atracción hacia otros. En otras palabras, mientras que la pansexualidad puede enfatizar la atracción sin consideración por el género, la omnisexualidad implica una apreciación y reconocimiento del género en la atracción

2.6.6. Heteroflexibilidad:

La heteroflexibilidad describe a individuos que se identifican predominantemente como heterosexuales pero que pueden experimentar atracción o participar en actividades sexuales con personas del mismo sexo bajo ciertas circunstancias. Esta flexibilidad puede ser vista como una forma de bisexualidad "ocasional" o "situacional". La heteroflexibilidad reconoce la fluidez en la orientación sexual y permite una identidad mayoritariamente heterosexual sin excluir completamente la posibilidad de atracción hacia el mismo sexo.

Es importante diferenciar que mientras algunas personas pueden experimentar esta flexibilidad como parte de su exploración sexual, para otras puede ser una característica permanente de su orientación sexual.

2.6.7. Homoflexibilidad:

La homoflexibilidad describe a individuos que generalmente se identifican como homosexuales pero que pueden experimentar atracción sexual hacia personas del sexo opuesto en circunstancias específicas. Esta orientación subraya una predominancia de atracción hacia el mismo sexo, pero con la apertura a la posibilidad de conexiones sexuales o románticas con personas del sexo opuesto. La homoflexibilidad puede ser vista como una forma de bisexualidad, pero con una fuerte preferencia hacia el mismo sexo. No implica una transición hacia una orientación heterosexual, sino que reconoce la existencia de una atracción ocasional o situacional que puede ser parte de la experiencia sexual de una persona. La homoflexibilidad refleja la fluidez de la orientación sexual y destaca que la identidad y la atracción sexual de una persona no siempre siguen patrones estrictos o exclusivos.

2.6.8. Queer:

Queer es un término paraguas que engloba una amplia gama de identidades sexuales y de género que se sitúan fuera de lo heterosexual y cisgénero. Originalmente usado como un insulto, el término ha sido reclamado y empoderado por la comunidad LGBTQ+ para celebrar la diversidad y la diferencia. Queer se usa a menudo para desafiar las categorías binarias de género y sexualidad, destacando la fluidez y la heterogeneidad en la experiencia humana.

Personas que se identifican como queer pueden hacerlo porque sienten que otros términos como "lesbiana", "gay", "bisexual" o "transgénero" no reflejan completamente sus experiencias o percepciones de su propia identidad. Queer puede incluir, pero no se limita a, personas que son no binarias, asexuales, bisexuales, pansexuales, y aquellos que sienten que su identidad de género o su orientación sexual no se ajusta a las definiciones convencionales. Además, queer también se utiliza como una crítica política y social a las normas de género y sexualidad, promoviendo una visión inclusiva y flexible que permite a cada persona definirse de la manera que mejor considere.

Cabe señalar que cada persona es única y puede experimentar su sexualidad de manera diferente. Además, estas categorías no son exhaustivas y es posible que existan otras formas de sexualidad no incluidas en esta lista. Lo más importante es que todas las formas de sexualidad son válidas y deben ser respetadas.

Heterosexual	Persona que se siente atraída emocional, romántica y/o sexualmente por personas del sexo opuesto
Homosexual	Persona que se siente atraída emocional, romántica y/o sexualmente por personas del mismo género
Bisexual	Persona que se siente atraída emocional, romántica y/o sexualmente por personas de más de un género
Transexual	Persona que experimenta una disonancia entre su género biológico y su identidad de género
Asexual	Falta de atracción sexual hacia otras personas, independientemente de su género o identidad sexual
Pansexual	Atracción sexual, emocional o romántica hacia personas de cualquier género o identidad sexual
Demisexual	Atracción sexual solo después de que se ha establecido una conexión emocional significativa.
Polisexual	Atracción sexual, emocional o romántica hacia personas de múltiples, pero no necesariamente todos géneros.
Omnisexual	Atracción sexual, emocional o romántica hacia personas de todos los géneros, reconociendo y respondiendo a la existencia de esos géneros
Heteroflexible	Individuos que se identifican predominantemente como heterosexuales pero que pueden experimentar atracción o participar en actividades sexuales con personas del mismo sexo bajo ciertas circunstancias
Homosflesible	Individuos que generalmente se identifican como homosexuales pero que pueden experimentar atracción sexual hacia personas del sexo opuesto en circunstancias específicas
Queer	Término paraguas que engloba una amplia gama de identidades sexuales y de género que se sitúan fuera de lo heterosexual y cisgénero

Resumen

- Definición y Evolución de la Orientación Sexual
- Orientación Sexual: Se describe como un componente esencial de la identidad de una persona, abarcando la atracción emocional, romántica y sexual hacia otros.
- Historia: Se rastrea desde las civilizaciones antiguas hasta el Renacimiento y el siglo XIX, destacando cómo las interpretaciones de la orientación sexual han variado y evolucionado.
- Pioneros en el Estudio de la Sexualidad
- Karl Heinrich Ulrichs: Un jurista y escritor alemán que defendió los derechos de los homosexuales y propuso la teoría del "tercer sexo".
- Siglo XX: Incluye el trabajo de Alfred Kinsey y su Escala de Kinsey, y estudios de Evelyn Hooker que desmitificaron la homosexualidad como un desorden mental.
- Diversidad Sexual
- Heterosexualidad: Atracción hacia personas del sexo opuesto.
- Homosexualidad: Atracción hacia personas del mismo género.
- Bisexualidad: Atracción hacia personas de más de un género.
- Transexualidad: Disonancia entre el género biológico y la identidad de género.
- Magnus Hirschfeld: Introdujo el término "transexual" en 1923 y fundó el Instituto para la Ciencia Sexual en Alemania.
- Harry Benjamin: Desarrolló y popularizó el concepto en Estados Unidos.
- Asexualidad: Falta de atracción sexual hacia otras personas.
- David Jay: Fundador de la Asexual Visibility and Education Network (AVEN).
- Pansexualidad: Atracción hacia personas de cualquier género.

- Demisexualidad: Atracción sexual solo después de establecer una conexión emocional significativa.
- Polisexualidad: Atracción hacia múltiples, pero no necesariamente todos, géneros.
- Omnisexualidad: Atracción hacia todos los géneros, reconociendo y respondiendo a su existencia.
- Heteroflexibilidad: Predominantemente heterosexual, pero con posible atracción hacia el mismo sexo en ciertas circunstancias.
- Homoflexibilidad: Predominantemente homosexual, pero con posible atracción hacia el sexo opuesto en ciertas circunstancias.
- Queer: Término paraguas que incluye diversas identidades sexuales y de género fuera de lo heterosexual y cisgénero.

ICB
EDITORES

UNIDAD

1.2. La Libertad Sexual desde una Perspectiva Social y Psicológica

Contenido de la Unidad

- Introducción
- Historia de la libertad sexual
- Marco Teórico
- Libertad sexual y formación de la identidad
- Educación sexual y autoaceptación
- Medios de Comunicación y Redes Sociales
- Promoción del Respeto y la Tolerancia en la Sociedad
- Resumen

ICB
EDITORES

1. Introducción

La libertad sexual puede ser definida de varias maneras, dependiendo del enfoque académico, cultural, o social desde el que se examine. A continuación, te presento una descripción más detallada con algunas definiciones académicas y culturales:

1.1. Definiciones Académicas

1. Psicológica: Desde la perspectiva psicológica, la libertad sexual se refiere a la capacidad de una persona para explorar y expresar su propia sexualidad sin culpa, vergüenza ni miedo. Esto implica una aceptación de la propia orientación sexual e identidad de género, así como la capacidad de tomar decisiones informadas y consensuadas sobre la actividad sexual.

2. Sociológica: En el contexto sociológico, la libertad sexual se enfoca en cómo las normas sociales y las estructuras de poder influyen en la expresión sexual de los individuos. Aquí, la libertad sexual se ve como un indicador de la igualdad y la autonomía dentro de una sociedad, reflejando la aceptación de la diversidad sexual y el rechazo a las normas represivas.

3. Legal y de Derechos Humanos: Desde el punto de vista legal, la libertad sexual está estrechamente ligada a los derechos humanos, especialmente al derecho a la privacidad y a la no discriminación. Esto incluye el derecho a tomar decisiones libres sobre la vida sexual sin interferencia del estado o de otros actores, y el derecho a la protección contra la violencia sexual y la explotación.

1.2. Definiciones Culturales

1. Culturas Occidentales: En muchas sociedades occidentales modernas, la libertad sexual a menudo se interpreta como la libertad de participar en una variedad de prácticas sexuales con consenso, así como la aceptación social de la diversidad sexual y de género. Sin embargo, estas definiciones pueden estar en tensión con las normativas culturales tradicionales o religiosas que prescriben comportamientos sexuales específicos.

2. Culturas No Occidentales: En muchas culturas no occidentales, las definiciones de libertad sexual pueden estar fuertemente influenciadas por normas religiosas, tradicionales y comunitarias. En algunos casos, la expresión sexual puede estar más regulada y las concepciones de libertad sexual pueden enfocarse más en la protección contra el abuso y la explotación que en la autonomía individual.
3. Comunidades Indígenas: En algunas comunidades indígenas, la sexualidad puede estar integrada en rituales y estructuras sociales de manera que difiere significativamente de los conceptos occidentales de libertad sexual. Aquí, la libertad sexual puede estar más relacionada con el cumplimiento de roles comunitarios y espirituales que con la autonomía individual.

1.3. Perspectivas Interseccionales

Además, las definiciones interseccionales consideran cómo la libertad sexual se cruza con otras identidades y ejes de opresión, como la raza, el género, la clase social y la capacidad física. Esta perspectiva destaca que la experiencia de la libertad sexual no es uniforme y está influenciada por múltiples factores estructurales y personales.

2. Historia de la libertad sexual

La historia de la libertad sexual es vasta y varía significativamente entre diferentes culturas y períodos históricos. A continuación, exploro cómo ha evolucionado la concepción de la libertad sexual a lo largo del tiempo y en distintas culturas.

2.1. Antigüedad

2.1.1. Egipto Antiguo

En el Egipto Antiguo, la sexualidad se consideraba una parte natural de la vida, a menudo asociada con creencias religiosas y de fertilidad. Los textos y artefactos de esta época sugieren una actitud relativamente abierta hacia el sexo, aunque todavía regida por normas sociales y de clase.

2.1.2. Grecia y Roma Antiguas

Estas culturas son conocidas por su relativamente alta tolerancia hacia diferentes formas de expresión sexual. En Grecia, por ejemplo, se practicaban y socialmente aceptaban relaciones entre hombres adultos y jóvenes adolescentes, aunque estas relaciones seguían reglas sociales muy específicas. Roma, por otro lado, mostraba una actitud más permisiva hacia el sexo, aunque ta

2.2. Edad Media y Renacimiento

2.2.1. Europa Medieval

Durante la Edad Media en Europa, la Iglesia Católica tenía un papel dominante en la definición de las normas sexuales. La sexualidad estaba fuertemente regulada, con un énfasis en la procreación dentro del matrimonio y una severa represión de otras formas de expresión sexual como la homosexualidad, que era penalizada.

2.2.2. Culturas Islámicas

En el mundo islámico medieval, la sexualidad también estaba regulada por normas religiosas y sociales, pero existía cierta literatura, como "El jardín perfumado", que exploraba la sexualidad de manera más abierta, aunque dentro del contexto del matrimonio y las relaciones heterosexuales.

2.3. Siglo XVII al XIX

Durante estos siglos, la Revolución Científica y la Ilustración comenzaron a cambiar las actitudes en Europa. Surge un interés por el estudio del cuerpo humano y la sexualidad desde una perspectiva científica. Sin embargo, la represión sexual seguía siendo prominente, y no fue hasta el siglo XIX que temas como la homosexualidad empezaron a ser discutidos de manera más abierta, aunque inicialmente en contextos patológicos.

2.4. Siglo XX

2.4.1. Principios del siglo XX

Movimientos como el freudianismo comenzaron a explorar la sexualidad humana desde perspectivas psicológicas, abriendo el camino para discusiones más abiertas sobre la sexualidad.

2.4.2. Década de 1960 y 1970

El movimiento de liberación sexual, que fue parte de un clima más amplio de protesta y cambio social en muchas partes del mundo, especialmente en los Estados Unidos y Europa, desafió muchas normas tradicionales sobre el sexo. La anticoncepción, la liberación de las mujeres y la aceptación de la homosexualidad y otras identidades sexuales ganaron terreno.

2.5. Siglo XXI

Hoy en día, la libertad sexual se ve influida por una globalización creciente que permite una mayor diversidad de intercambios culturales. Sin embargo, todavía existen grandes discrepancias entre diferentes culturas y regiones. Mientras que algunos países avanzan hacia una mayor igualdad y protección legal para todas las identidades y orientaciones sexuales, otros mantienen leyes y normas que restringen severamente la libertad sexual.

En resumen, la libertad sexual ha evolucionado de ser un aspecto de la vida humana regulado por normas religiosas y sociales estrictas a una era de mayor discusión y reconocimiento de la diversidad sexual. Sin embargo, la lucha por la libertad sexual y los derechos asociados continúa, enfrentando resistencias culturales y políticas en muchas partes del mundo.

3. Marco Teórico

Para analizar la libertad sexual desde un enfoque interdisciplinario que incluya tanto perspectivas psicológicas como sociológicas, se puede establecer un marco teórico robusto integrando diversas teorías. Este marco ayudará a comprender las complejas interacciones entre el individuo, la sociedad y las normas culturales que definen y restringen la sexualidad. Aquí describo un marco teórico posible:

3.1. Teorías Psicológicas

3.1.1. Teoría Psicodinámica (Freud):

- ⇨ Concepto de libido: Freud identificó la libido como una fuerza vital centrada en el placer sexual. La represión de estos impulsos puede llevar a conflictos psicológicos y neurosis.
- ⇨ Desarrollo psicosexual: Las etapas del desarrollo psicosexual (oral, anal, fálica, latencia y genital) de Freud sugieren que la navegación exitosa a través de estas etapas es crucial para el desarrollo de una personalidad saludable y una vida sexual satisfactoria.

3.1.2. Teoría del Desarrollo Moral (Kohlberg):

- ⇨ Esta teoría puede aplicarse para entender cómo las personas llegan a juicios morales respecto a la sexualidad. El desarrollo de un sentido de justicia y respeto por la autonomía individual es crucial para apoyar la libertad sexual.

3.1.3. Teoría de la Identidad (Erikson):

- ⇨ Identidad vs. Confusión de Rol: Durante la adolescencia, la exploración de la identidad sexual y de género es fundamental. Una resolución exitosa de esta etapa contribuye a una identidad firme y una mayor libertad sexual.

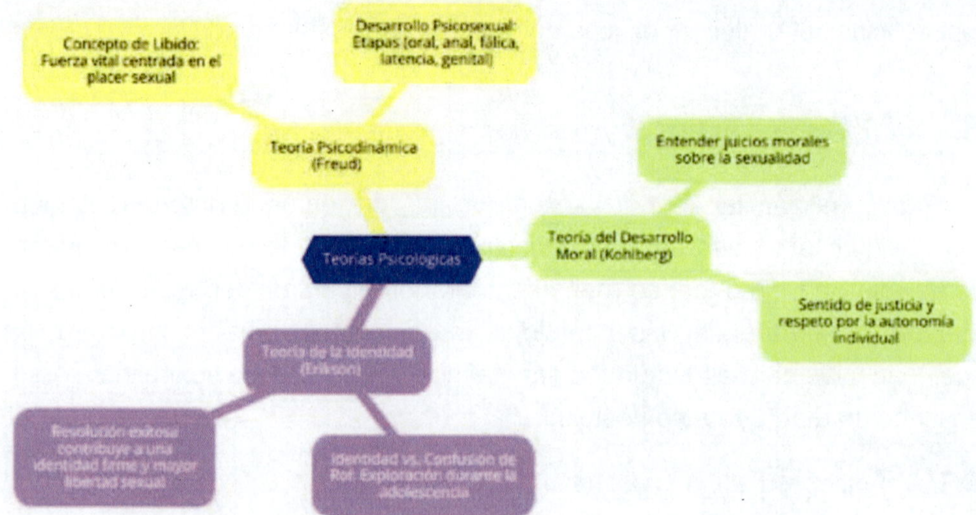

3.2. Teorías Sociológicas

3.2.1. Teoría del Interaccionismo Simbólico (Mead y Blumer)

⇨ Según esta teoría, la sexualidad es socialmente construida a través de interacciones y significados compartidos. La libertad sexual puede ser vista como la capacidad de negociar y modificar estos significados en la sociedad.

⇨ Roles sexuales: La interpretación y redefinición de roles sexuales y normas son procesos activos que influyen en la percepción de la libertad sexual.

3.2.2. Teoría del Conflicto (Marx, Engels)

⇨ Esta teoría puede ser útil para examinar cómo las estructuras de poder y la desigualdad impactan la libertad sexual. Las relaciones de poder en la sociedad pueden oprimir o liberar la expresión sexual de los individuos.

⇨ Reproducción de la desigualdad: Analiza cómo las normas y prácticas sexuales pueden reforzar desigualdades sociales y de género.

3.2.3. Teoría de la Práctica (Bourdieu)

⇨ Habitus: Los patrones de comportamiento y pensamiento que son aprendidos a través de la cultura y la socialización afectan cómo las personas experimentan y expresan su sexualidad.

⇨ Capital Cultural: El acceso a la educación y recursos influye en la capacidad de los individuos para negociar y entender su sexualidad.

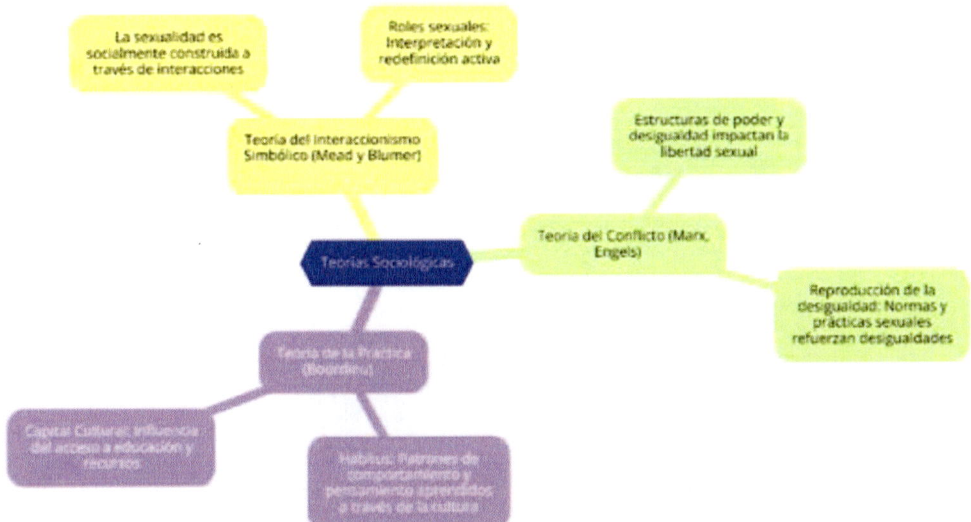

3.3. Teorías Interseccionales

3.3.1. Teoría Feminista

⇨ Examina cómo el género y el poder están interrelacionados con la sexualidad. La opresión y la liberación sexual son vistas a través del prisma del género, la raza, y otras categorías sociales.

⇨ Autonomía corporal y empoderamiento: Analiza la importancia de la autonomía sobre el propio cuerpo como fundamental para la libertad sexual.

3.3.2. Teoría Queer

⇨ Critica las categorías normativas de identidad sexual y de género. Promueve la desestabilización de las normas y la celebración de la diversidad sexual como forma de libertad.

Este marco teórico proporciona herramientas para analizar cómo se construye, negocia y vive la libertad sexual en diferentes contextos, permitiendo una comprensión más profunda de las dinámicas psicológicas y sociales que forman la sexualidad humana. Utilizando este marco, los investigadores pueden explorar la interacción entre estructuras de poder, identidad personal, y normas sociales en la evolución de la libertad sexual.

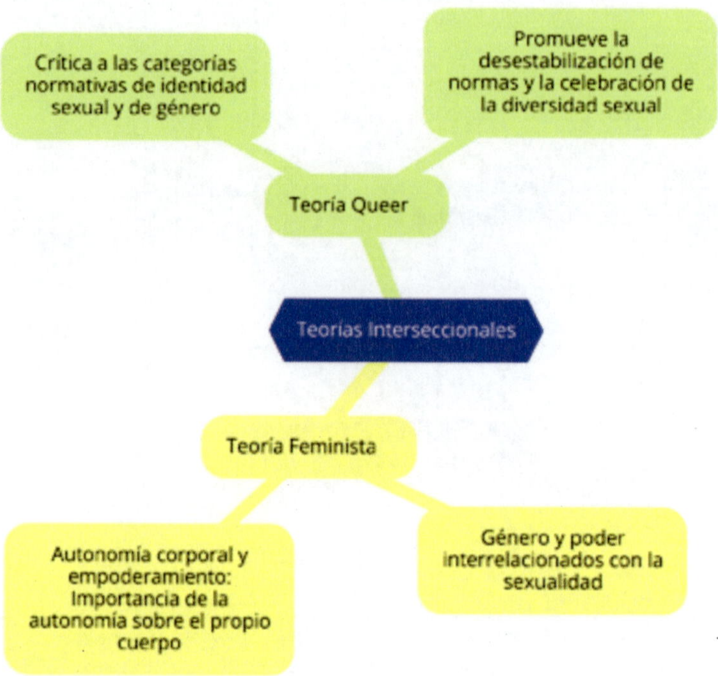

4. Libertad sexual y formación de la identidad

4.1. Teorías del desarrollo de la identidad

La libertad sexual implica el reconocimiento y la aceptación de la diversidad en cuanto a las orientaciones sexuales, las identidades de género y las prácticas sexuales. En este sentido, la educación sexual y la promoción de una actitud abierta y respetuosa hacia la diversidad favorecen el desarrollo de una identidad sexual saludable y la aceptación de uno mismo. Además, es importante tener en cuenta el papel de los medios de comunicación y las redes sociales en la construcción de la imagen que los individuos tienen sobre la sexualidad y las relaciones.

La incorporación de teorías de desarrollo de la identidad, como las de Erik Erikson y James Marcia, ofrece una perspectiva valiosa para entender cómo la libertad sexual contribuye a la formación y evolución de la identidad a lo largo de diferentes etapas de la vida. A continuación, describo cómo estas teorías pueden aplicarse para analizar este vínculo:

4.1.1. Teoría del Desarrollo Psicosocial de Erikson

Erikson postula que la identidad se desarrolla a través de ocho etapas de conflicto psicosocial a lo largo de la vida. En cada etapa, el individuo enfrenta desafíos específicos que contribuyen a la formación de la identidad. Varios de estos estadios son particularmente relevantes para explorar la relación entre libertad sexual e identidad:

1. Adolescencia (Identidad vs. Confusión de Identidad):

   ⇨ En esta etapa, los adolescentes exploran quiénes son como individuos, incluyendo su identidad sexual. La libertad para explorar y expresar su sexualidad de manera segura es crucial para la resolución positiva de esta crisis, permitiéndoles establecer una identidad firme y coherente.

   ⇨ La falta de libertad sexual ya sea por restricciones culturales o sociales, puede contribuir a la confusión de identidad, afectando el desarrollo de una autoimagen saludable.

2. Adultez Joven (Intimidad vs. Aislamiento):

   ⇨ Erikson señala que, en la adultez joven, el desafío central es desarrollar relaciones íntimas profundas. La libertad sexual, entendida como la capacidad de explorar y expresar deseos y preferencias sexuales sin miedo ni restricciones, es fundamental para formar vínculos íntimos y significativos.

   ⇨ Las restricciones en la libertad sexual pueden llevar al aislamiento o a relaciones insatisfactorias, impidiendo el desarrollo de la intimidad verdadera.

4.1.2. Teoría del Desarrollo de la Identidad de James Marcia

Marcia expande la teoría de Erikson al introducir cuatro estados de la identidad, basados en la presencia o ausencia de crisis y compromiso: difusión de la identidad, moratoria, logro de la identidad y exclusión. La libertad sexual juega un papel crucial en cada uno de estos estados:

1. Moratoria y Logro de la Identidad:

   ⇨ En la moratoria, los individuos están explorando activamente diferentes roles y opciones, incluyendo su sexualidad. La libertad sexual aquí permite una exploración sin restricciones que es esencial para alcanzar el logro de la identidad, donde el individuo se compromete con ciertos valores y roles después de considerar alternativas.

   ⇨ La libertad para explorar y experimentar con la sexualidad puede llevar a un mayor entendimiento de sí mismo y a un compromiso más informado con opciones de vida personales y profesionales.

2. Difusión de la Identidad:

   ⇨ La difusión de la identidad ocurre cuando no hay ni crisis ni compromiso. La falta de libertad sexual puede contribuir a este estado, ya que el individuo podría evitar explorar aspectos importantes de su identidad, incluida la sexual, por temor a las consecuencias sociales o legales.

3. Exclusión:

   ⇨ Este estado se caracteriza por el compromiso sin haber pasado por una crisis de exploración. La restricción en la libertad sexual podría llevar a individuos a adoptar roles y normas predeterminadas sin cuestionarlas o explorarlas adecuadamente.

4.2. Aplicación en Diversas Culturas

Además, es importante considerar cómo el contexto cultural afecta la experiencia de estas etapas. En algunas culturas, la libertad sexual puede estar más restringida, lo que podría alterar significativamente la forma en que los individuos pasan por las etapas de Erikson y Marcia. Por ejemplo, en culturas donde la expresión sexual fuera del matrimonio es tabú, la etapa de Intimidad vs. Aislamiento puede presentar desafíos adicionales.

En resumen, la integración de las teorías de desarrollo de la identidad de Erikson y Marcia ofrece una estructura rica para analizar cómo la libertad sexual influye en la formación y evolución de la identidad a lo largo de la vida. Permite comprender las consecuencias psicológicas y sociales de las restricciones sexuales y cómo estas afectan al desarrollo individual y relacional del ser humano.

Teorías del desarrollo de la identidad		
Teoría	Etapa/Estado	Descripción
Erikson	Adolescencia (Identidad vs. Confusión de Identidad)	En esta etapa, los adolescentes exploran quiénes son como individuos, incluyendo su identidad sexual. La libertad para explorar y expresar su sexualidad de manera segura es crucial para la resolución positiva de esta crisis, permitiéndoles establecer una identidad firme y coherente. La falta de libertad sexual ya sea por restricciones culturales o sociales, puede contribuir a la confusión de identidad, afectando el desarrollo de una autoimagen saludable.
	Adultez Joven (Intimidad vs. Aislamiento)	Erikson señala que, en la adultez joven, el desafío central es desarrollar relaciones íntimas profundas. La libertad sexual, entendida como la capacidad de explorar y expresar deseos y preferencias sexuales sin miedo ni restricciones, es fundamental para formar vínculos íntimos y significativos. Las restricciones en la libertad sexual pueden llevar al aislamiento o a relaciones insatisfactorias, impidiendo el desarrollo de la intimidad verdadera.
Marcia	Moratoria y Logro de la Identidad	En la moratoria, los individuos están explorando activamente diferentes roles y opciones, incluyendo su sexualidad. La libertad sexual aquí permite una exploración sin restricciones que es esencial para alcanzar el logro de la identidad, donde el individuo se compromete con ciertos valores y roles después de considerar alternativas. La libertad para explorar y experimentar con la sexualidad puede llevar a un mayor entendimiento de sí mismo y a un compromiso más informado con opciones de vida personales y profesionales.
	Moratoria y Logro de la Identidad	En la moratoria, los individuos están explorando activamente diferentes roles y opciones, incluyendo su sexualidad. La libertad sexual aquí permite una exploración sin restricciones que es esencial para alcanzar el logro de la identidad, donde el individuo se compromete con ciertos valores y roles después de considerar alternativas. La libertad para explorar y experimentar con la sexualidad puede llevar a un mayor entendimiento de sí mismo y a un compromiso más informado con opciones de vida personales y profesionales.
	Difusión de la Identidad	La difusión de la identidad ocurre cuando no hay ni crisis ni compromiso. La falta de libertad sexual puede contribuir a este estado, ya que el individuo podría evitar explorar aspectos importantes de su identidad, incluida la sexual, por temor a las consecuencias sociales o legales.
	Exclusión	Este estado se caracteriza por el compromiso sin haber pasado por una crisis de exploración. La restricción en la libertad sexual podría llevar a individuos a adoptar roles y normas predeterminadas sin cuestionarlas o explorarlas adecuadamente.

4.3. Formación de identidad sexual en diferentes contextos

La formación de la identidad sexual es profundamente influenciada por el contexto cultural y socioeconómico en el que una persona se desarrolla. Estos factores no solo afectan cómo los individuos se ven a sí mismos, sino también cómo interactúan con los demás y cómo son percibidos por la sociedad. Aquí examinamos las variaciones en las experiencias de formación de identidad sexual en diferentes contextos:

4.3.1. Contextos Culturales

1. Culturas Occidentales:

   ⇨ En muchas sociedades occidentales, existe una creciente aceptación de diversas orientaciones sexuales e identidades de género. Esto puede facilitar una exploración más libre y abierta de la identidad sexual.

   ⇨ Sin embargo, incluso dentro de estas culturas, pueden existir subculturas o regiones con actitudes más conservadoras que impactan negativamente en la formación de la identidad sexual de los individuos, especialmente si son parte de la comunidad LGBTQ+.

2. Culturas Conservadoras:

   ⇨ En culturas más conservadoras o aquellas influenciadas fuertemente por tradiciones religiosas, las normas sobre la sexualidad suelen ser estrictas y claramente definidas. Esto puede restringir la exploración sexual y llevar a conflictos internos y estigma.

   ⇨ En estos contextos, las personas pueden experimentar miedo, culpa o ansiedad al desarrollar una identidad sexual que difiere de las expectativas sociales o familiares.

3. Culturas Colectivistas vs. Individualistas:

   ⇨ En culturas colectivistas (como en muchos países de Asia), la familia y la comunidad juegan un papel crucial en la vida de las personas. Las decisiones sobre la sexualidad y la expresión de la identidad sexual pueden estar más influenciadas por el deseo de mantener la armonía y el honor familiar.

   ⇨ En contraste, las culturas individualistas (como en Estados Unidos y gran parte de Europa) tienden a valorar y promover la autonomía personal, lo que puede facilitar una exploración más individualizada y abierta de la identidad sexual.

4.3.2. Contextos Socioeconómicos

1. Altos Recursos Socioeconómicos:

   ⇨ Los individuos en contextos con mayores recursos económicos pueden tener un acceso más fácil a la educación y a recursos de apoyo (como terapia y comunidades en línea), lo que facilita una exploración más segura y respaldada de la identidad sexual.

   ⇨ Pueden tener más oportunidades para interactuar con una diversidad de perspectivas y experiencias, lo que puede enriquecer su comprensión y aceptación de su propia identidad sexual.

2. Bajos Recursos Socioeconómicos:

   ⇨ Las personas en contextos de bajos recursos socioeconómicos pueden enfrentar barreras adicionales, como un acceso limitado a información confiable sobre sexualidad, falta de servicios de apoyo, y mayor estigma y discriminación.

   ⇨ La necesidad de enfocarse en la supervivencia diaria puede limitar las oportunidades para la exploración y expresión de la identidad sexual.

4.3.3. Efectos del Género y la Interseccionalidad

Los efectos del género, la raza, la etnia y otros factores sociales pueden intersectarse con el contexto cultural y socioeconómico para moldear de manera única la experiencia de la identidad sexual de una persona. Por ejemplo, las mujeres y los individuos transgénero en contextos conservadores pueden enfrentar niveles significativamente más altos de restricción y represión sexual en comparación con los hombres cisgénero.

La formación de la identidad sexual es un proceso complejo que varía ampliamente según el contexto cultural y socioeconómico. Estos contextos influyen no solo en la manera en que las personas exploran y definen su identidad sexual, sino también en cómo gestionan las presiones externas y buscan apoyo. Para una comprensión más completa de estas dinámicas, es crucial considerar una variedad de factores interconectados, incluyendo, pero no limitándose a, cultura, economía, género, y accesibilidad a recursos de apoyo.

4.4. Aceptación de diversas orientaciones sexuales e identidades de género en diferentes sociedades.

La aceptación de diversas orientaciones sexuales e identidades de género varía significativamente en diferentes sociedades, y hemos visto cambios tanto positivos como negativos a lo largo del tiempo.

En los Estados Unidos, un estudio reciente muestra un alto nivel de comodidad entre adultos no LGBTQ+ al ver personas LGBTQ+ en medios de comunicación, con un 75% sintiéndose cómodos con la representación LGBTQ+ en anuncios y un 73% con personajes LGBTQ+ en programas de televisión o películas. Sin embargo, la comodidad disminuye cuando se trata de la presencia de personas transgénero y no binarias en contextos familiares o religiosos, con alrededor del 66% de los adultos sintiéndose cómodos al aprender que un miembro de la familia es transgénero .

https://glaad.org/publications/accelerating-acceptance-2023

A nivel global, un informe del Williams Institute que analizó datos de 175 países muestra que la aceptación de personas LGBTI ha aumentado en promedio desde 1980. Algunos de los países más aceptados incluyen Islandia, Noruega, los Países Bajos, Suecia y Canadá. Sin embargo, mientras que algunos países han experimentado aumentos en la aceptación, otros han visto disminuciones o no han experimentado cambios significativos (Williams Institute).

https://williamsinstitute.law.ucla.edu/publications/global-acceptance-index-lgbt/

Estos estudios reflejan tanto avances como desafíos continuos en la aceptación de la diversidad sexual y de género en diferentes contextos culturales y geográficos. La visibilidad en los medios y las políticas de apoyo pueden tener un impacto significativo en mejorar la aceptación y el entendimiento en la sociedad en general.

En España, la aceptación de los derechos LGBTI ha progresado significativamente, reflejado tanto en legislación como en la aceptación social. Según un informe de Amnistía Internacional, España se clasifica como el cuarto país en Europa en términos de derechos LGBTI, destacando por legislaciones avanzadas como la Ley Trans de 2023 que facilita la autodeterminación de género sin necesidad de intervención médica previa. Esta ley también promueve la igualdad real y efectiva de las personas trans y LGTBI, incluyendo medidas contra la discriminación y el acoso tanto en el ámbito educativo como laboral.

https://www.es.amnesty.org/en-que-estamos/noticias/noticia/articulo/orgullo-2023-las-leyes-lgbti-acercan-espana-a-la-europa-que-defiende-los-derechos-humanos/

La aceptación de las diversas orientaciones sexuales e identidades de género ha progresado significativamente en los últimos años, reflejado en sus políticas y leyes. España ocupa el cuarto lugar entre 49 países europeos en el índice Rainbow Europe 2023, con una puntuación del 74% en cuanto a derechos legales, políticos y humanos para personas LGBTI

https://www.ilga-europe.org/report/rainbow-europe-2023/

A nivel de comunidad, la visibilidad y el apoyo a los derechos LGBTI están muy presentes, aunque aún existen desafíos significativos. Por ejemplo, en Madrid se reporta al menos una agresión diaria relacionada con la LGTBfobia, y se estima que entre el 80% y el 90% de estos delitos de odio no se denuncian. Esto indica una disparidad entre la legislación avanzada y algunos aspectos de la realidad social que aún necesitan ser abordado.

https://www.elespanol.com/reportajes/20210912/espana-respeta-colectivo-lgtbi-grandes-union-europea/611189242_0.html

España continúa siendo un líder en la promoción de derechos LGBTI en la Unión Europea, reflejando un ambiente general de comprensión y aceptación, aunque como en muchos lugares, sigue habiendo espacio para mejora en la aplicación práctica de estas normas y en la reducción del estigma y la discriminación en algunos sectores de la sociedad.

5. Educación sexual y autoaceptación

5.1. Importancia de la educación sexual integral

La educación sexual integral es esencial para la formación de la identidad, ya que proporciona información completa, precisa y actualizada sobre los aspectos biológicos, emocionales y sociales de la sexualidad. Este enfoque abarca temas como la diversidad sexual, el consentimiento, la igualdad de género y la prevención de enfermedades de transmisión sexual, permitiendo a los jóvenes desarrollar habilidades y conocimientos necesarios para tomar decisiones informadas sobre su vida sexual y sus relaciones.

Una educación sexual integral (ESI) es un enfoque holístico que abarca más que la simple transmisión de información sobre anatomía y métodos anticonceptivos. Incluye aspectos emocionales, psicológicos, sociales y culturales, con el objetivo de fomentar una comprensión profunda de la sexualidad, respetar la diversidad y promover relaciones saludables y seguras. A continuación, se detallan los componentes clave de una educación sexual integral, con especial énfasis en la educación emocional y psicológica:

5.2. Componentes Fundamentales de la Educación Sexual Integral

5.2.1. Información Científica y Técnica

- ⇨ Anatomía y fisiología: Conocimiento detallado sobre los órganos reproductivos, ciclo menstrual, embarazo y funciones hormonales.
- ⇨ Métodos anticonceptivos: Información sobre diversos métodos anticonceptivos, su funcionamiento, eficacia y uso correcto.
- ⇨ Enfermedades de transmisión sexual (ETS): Prevención, síntomas, tratamiento y la importancia de la detección temprana.

5.2.2. Aspectos Emocionales y Psicológicos

- ⇨ Autoconocimiento y autoaceptación: Promoción de la comprensión y aceptación de la propia identidad sexual, incluyendo la orientación sexual y la identidad de género.
- ⇨ Gestión de emociones: Desarrollo de habilidades para reconocer, expresar y manejar emociones relacionadas con la sexualidad y las relaciones.
- ⇨ Autoestima y autoeficacia: Fomento de la confianza en uno mismo y

en la capacidad de tomar decisiones informadas y seguras sobre la sexualidad.

5.2.3. Aspectos Sociales y Culturales

- ⇨ Diversidad sexual y de género: Educación sobre la variedad de orientaciones sexuales e identidades de género, promoviendo el respeto y la inclusión.
- ⇨ Normas sociales y estereotipos: Análisis crítico de las normas de género y los estereotipos que pueden afectar la percepción y el comportamiento sexual.
- ⇨ Derechos sexuales y reproductivos: Información sobre los derechos sexuales, incluyendo el consentimiento, la privacidad y la autonomía corporal.

5.2.4. Habilidades para la Vida

- ⇨ Comunicación efectiva: Desarrollo de habilidades de comunicación para expresar deseos, límites y preocupaciones en relaciones sexuales y afectivas.
- ⇨ Resolución de conflictos: Estrategias para manejar conflictos de manera saludable y respetuosa.
- ⇨ Toma de decisiones: Capacitación para tomar decisiones informadas y responsables sobre la salud sexual y las relaciones.

5.3. Integración de la Educación Emocional y Psicológica

5.3.1. Desarrollo Emocional

- ⇨ Conciencia emocional: Fomento de la capacidad para identificar y comprender las propias emociones y las de los demás.
- ⇨ Empatía: Promoción de la empatía y la comprensión hacia las experiencias y sentimientos de otras personas.
- ⇨ Inteligencia emocional: Enseñanza de habilidades para manejar las emociones de manera efectiva, como la regulación emocional y la resiliencia.

5.3.2. Autoestima y Autoeficacia

- Fomento de la autoestima: Actividades y discusiones que ayudan a los jóvenes a valorar sus cualidades personales y a desarrollar una imagen positiva de sí mismos.
- Empoderamiento: Promoción de la autoeficacia, alentando a los jóvenes a tomar decisiones informadas y a defender sus derechos y necesidades.

5.3.3. Sexualidad y Psique

- Identidad sexual y de género: Exploración y afirmación de la identidad sexual y de género, con apoyo para aquellos que experimentan disforia de género.
- Desarrollo de la sexualidad: Comprensión del desarrollo de la sexualidad a lo largo de la vida y de los cambios físicos y emocionales asociados.

5.4. Metodología y Enfoques Pedagógicos

5.4.1. Métodos Participativos

- Talleres y dinámicas: Uso de actividades interactivas, juegos de rol, debates y estudios de caso para fomentar la participación.
- Aprendizaje basado en proyectos: Implementación de proyectos que permiten a los estudiantes investigar, reflexionar y aplicar lo aprendido en situaciones reales.

5.4.2. Enfoque Inclusivo y Diversificado

- Adaptación cultural y lingüística: Desarrollo de materiales y estrategias que sean culturalmente relevantes y accesibles para todos los estudiantes.
- Atención a la diversidad: Inclusión de perspectivas y necesidades de estudiantes con diferentes orientaciones sexuales, identidades de género, capacidades y contextos socioeconómicos.

5.4.3. Evaluación Continua y Retroalimentación

- ⇨ Evaluación formativa: Evaluación continua del aprendizaje a través de observación, discusiones y proyectos, en lugar de exámenes tradicionales.
- ⇨ Retroalimentación constructiva: Provisión de feedback que apoye el desarrollo personal y académico de los estudiantes.

Una educación sexual integral, que abarca aspectos emocionales, psicológicos, sociales y culturales, es fundamental para el desarrollo saludable de la identidad sexual. Al proporcionar a los jóvenes información, habilidades y apoyo, se les empodera para tomar decisiones informadas, establecer relaciones saludables y vivir de manera auténtica y segura. La implementación de estos programas, adaptados a los contextos locales y con un enfoque inclusivo, es crucial para promover sociedades más justas y respetuosas de la diversidad sexual y de género.

5.4.4. Perspectivas y opiniones de expertos reconocidos en el campo

El Dr. Douglas Kirby (9/10/1943 Walla Walla – EEUU ; 22/12/2021)

Fue un destacado investigador en el campo de la educación sexual integral, reconocido por su enfoque científico en la evaluación de programas de educación sexual. Su trabajo ha sido fundamental para comprender qué elementos de los programas de educación sexual son más efectivos en cambiar comportamientos y reducir las tasas de embarazos no deseados y enfermedades de transmisión sexual entre los jóvenes.

La importancia de Kirby en la educación sexual integral radica en su enfoque basado en evidencias. A través de sus investigaciones, Kirby demostró que los programas de educación sexual efectivos no sólo informan sobre la salud sexual y reproductiva, sino que también enseñan habilidades de comunicación, toma de decisiones y negociación, todos aspectos cruciales para un comportamiento sexual seguro y saludable. Kirby abogaba por programas que integren la educación sexual con el desarrollo juvenil y que reconozcan la importancia de los contextos sociales y ambientales en los que viven los adolescentes.

Una de las mayores aportaciones de Kirby fue su trabajo sobre las características de los programas de educación sexual efectivos. Publicó varios estudios y metaanálisis que identificaron y validaron las características clave de los programas exitosos. Uno de sus informes más influyentes, "The impact of sex and HIV education programs in schools and communities on sexual behaviors among young adults", proporciona un análisis exhaustivo de cómo los programas de educación sexual y VIH en las escuelas y comunidades afectan los comportamientos sexuales de los jóvenes adultos.

Este informe y otros escritos por Kirby han ayudado a moldear políticas y programas alrededor del mundo, haciendo énfasis en la necesidad de una educación sexual que sea integral, es decir, que aborde tanto los aspectos biológicos como psicosociales de la sexualidad, y que sea entregada de manera que respete y sea relevante para la población a la que se dirige.

El legado de Douglas Kirby continúa influyendo en el desarrollo de políticas de educación sexual integral, destacando la importancia de la investigación basada en evidencias para diseñar programas que realmente respondan a las necesidades de los jóvenes y contribuyan efectivamente a su salud y bienestar. Su trabajo sigue siendo una referencia esencial para los educadores y formuladores de políticas en el campo de la salud sexual y reproductiva.

El Dr. Al Vernacchio

Es un educador sexual y profesor de secundaria en los Estados Unidos, conocido por su enfoque innovador y progresista hacia la educación sexual integral. No solo ha influido en el ámbito académico, sino que también ha capturado la atención del público en general a través de sus charlas y publicaciones.

Al Vernacchio es importante en la educación sexual integral debido a su enfoque único que desafía los métodos tradicionales de enseñanza de la sexualidad. En lugar de adherirse al modelo basado en la abstinencia o al enfoque puramente biológico que predomina en muchas escuelas, Vernacchio utiliza un modelo que promueve la sexualidad como una parte saludable y normal del desarrollo humano. Este enfoque está centrado en el respeto, la equidad y el consentimiento, elementos que considera fundamentales para una educación sexual efectiva y respetuosa.

Una de las mayores aportaciones de Al Vernacchio es su famoso reemplazo del "modelo de béisbol" de las relaciones sexuales por el "modelo de pizza". El modelo de béisbol, ampliamente utilizado en la educación sexual en los EE. UU., es criticado por Vernacchio por ser competitivo, centrado en el rendimiento y basado en la meta de "anotar" (una metáfora de alcanzar el coito), lo que refleja y perpetúa una mentalidad de ganar-perder y de agresión sexual.

En contraste, el modelo de pizza propuesto por Vernacchio es colaborativo y enfatiza la comunicación y el acuerdo mutuo sobre qué se desea compartir, al igual que cuando las personas deciden juntas qué tipo de pizza comer y cómo compartirla. Este modelo se centra en el placer compartido, la comunicación abierta y el consentimiento, aspectos que son esenciales para relaciones saludables y seguras. Vernacchio argumenta que, al igual que comer pizza, la sexualidad debe ser una experiencia mutuamente agradable, consensuada y libre de presión.

La propuesta de Vernacchio ha sido ampliamente difundida y elogiada por su capacidad para transformar la forma en que los jóvenes y los adultos consideran y discuten la sexualidad. Ha sido presentada en TED Talks y en diversos medios de comunicación, donde ha resonado por su accesibilidad y su enfoque positivo hacia la sexualidad.

En resumen, Al Vernacchio es un pionero en la educación sexual integral que ha contribuido significativamente a cambiar el diálogo sobre la sexualidad en la educación, promoviendo un enfoque más sano, inclusivo y respetuoso. Su trabajo continúa inspirando a educadores y estudiantes a adoptar una visión más holística y humana de la sexualidad.

La Profesora Ine Vanwesenbeeck

Es una destacada académica y investigadora en el campo de la sexología y la educación sexual integral. Profesora de Estudios de Sexualidad en la Universidad de Utrecht, Países Bajos, su trabajo ha sido influyente en la comprensión y promoción de la educación sexual a nivel global.

La importancia de Ine Vanwesenbeeck en el ámbito de la educación sexual integral radica en su enfoque basado en derechos y su compromiso con la investigación empírica. Vanwesenbeeck ha trabajado extensivamente para avanzar en la comprensión de cómo los contextos socioculturales y las políticas influyen en la sexualidad y la salud sexual de los jóvenes. Sus investigaciones han abordado temas críticos como la violencia sexual, el consentimiento, la diversidad sexual, y los derechos sexuales, todos ellos desde una perspectiva que respeta y valora la diversidad y los derechos individuales.

Una de las mayores contribuciones de Ine Vanwesenbeeck ha sido su trabajo en la evaluación de programas de educación sexual y su influencia en políticas internacionales. Ha sido autora de numerosos estudios que han examinado la eficacia de los programas de educación sexual, proporcionando evidencia crucial que ha apoyado la implementación de programas basados en evidencias y derechos en diversas partes del mundo.

Además, Vanwesenbeeck ha sido una voz líder en la promoción de un enfoque integral y holístico para la educación sexual, que no solo se enfoca en la prevención de enfermedades y embarazos no deseados, sino que también aborda la sexualidad de manera positiva, enfocándose en el bienestar, el placer y la satisfacción sexual. Sus trabajos han ayudado a definir estándares internacionales para la educación sexual y han influido en las políticas de organizaciones mundiales como la Organización Mundial de la Salud y la UNESCO.

Su enfoque para incorporar la perspectiva de género y los derechos humanos en la educación sexual ha sido particularmente revolucionario, alentando a educadores y políticos a considerar la sexualidad como un aspecto fundamental del desarrollo humano y la dignidad personal. Esto ha ayudado a mover la conversación sobre educación sexual más allá del riesgo y la enfermedad hacia un entendimiento más completo y positivo de la sexualidad como parte integral de la vida humana.

La Profesora Ine Vanwesenbeeck es una figura clave en el campo de la educación sexual integral, cuyas investigaciones y liderazgo han contribuido a transformar la manera en que la educación sexual es percibida y enseñada en todo el mundo. Su trabajo continúa influyendo en las nuevas generaciones de educadores y formuladores de políticas, promoviendo una educación sexual que es informativa, inclusiva y empoderadora.

María Lameiras

Es una psicóloga y profesora universitaria española, cuya investigación se centra en la psicología social y la salud, con un enfoque específico en la educación sexual y los estudios de género. Es profesora en la Universidad de Vigo, donde ha tenido un impacto significativo en el campo de la educación sexual en España.

María Lameiras ha jugado un papel crucial en la promoción y el desarrollo de una educación sexual más integral y basada en derechos en España, un país donde este tipo de educación ha enfrentado varios desafíos culturales y políticos. Su trabajo ha ayudado a ampliar la perspectiva de la educación sexual más allá de la mera prevención de enfermedades y embarazos no deseados, incorporando aspectos de igualdad de género, derechos sexuales y reproductivos, y el bienestar psicológico.

Una de las mayores contribuciones de María Lameiras ha sido su enfoque en la violencia de género y cómo la educación sexual puede ser utilizada como una herramienta para prevenir y combatir esta problemática. Sus investigaciones han abordado cómo los estereotipos de género y las actitudes sexistas influyen en las relaciones y comportamientos sexuales de los jóvenes, y ha desarrollado programas educativos que buscan desmantelar estos estereotipos y promover relaciones más saludables y equitativas.

Lameiras ha destacado la necesidad de incluir la educación emocional y el desarrollo de habilidades sociales como componentes clave de cualquier programa de educación sexual. Esto incluye enseñar a los jóvenes cómo establecer límites saludables, cómo comunicarse eficazmente sobre sus necesidades y deseos, y cómo manejar el consentimiento en las relaciones sexuales y románticas.

Su trabajo ha servido como una valiosa base para las políticas de educación sexual en varias regiones de España, influenciando la manera en que los programas educativos abordan temas de sexualidad, igualdad y respeto mutuo. Además, ha sido una voz activa en foros nacionales e internacionales sobre la necesidad de una educación sexual que verdaderamente empodere a los jóvenes y les proporcione las herramientas necesarias para vivir su sexualidad de manera segura y satisfactoria.

María Lameiras es una figura destacada en el campo de la educación sexual integral en España, reconocida por su enfoque holístico y su compromiso con la promoción de una educación que no solo informe, sino que también forme ciudadanos conscientes, responsables y respetuosos. Su trabajo sigue influyendo en las prácticas educativas y en la formulación de políticas relacionadas con la educación y los derechos sexuales y reproductivos en España y más allá.

5.5. Políticas públicas sobre educación sexual

Las políticas públicas sobre educación sexual varían significativamente de un país a otro, influyendo en cómo los jóvenes comprenden y experimentan su identidad sexual. Aquí, examino algunas políticas de diferentes regiones y sus efectos en la identidad sexual:

5.5.1. Suecia

Suecia ha sido pionera en la educación sexual desde 1955, con un enfoque integral que abarca no solo la biología reproductiva sino también cuestiones relacionadas con los derechos, el consentimiento, y las relaciones saludables. Esta política ha ayudado a normalizar la diversidad sexual y a promover una actitud de apertura y respeto. Los jóvenes en Suecia generalmente reportan una mayor satisfacción y seguridad en sus relaciones y una menor incidencia de ETS y embarazos no deseados.

5.5.2. Estados Unidos

La educación sexual en Estados Unidos varía enormemente entre los estados. Algunos adoptan programas de abstinencia hasta el matrimonio, mientras que otros implementan educación sexual integral. Los estados con programas integrales tienden a tener tasas más bajas de embarazos adolescentes y ETS. Los programas que promueven la abstinencia, por otro lado, han sido criticados por no proporcionar a los jóvenes la información necesaria para tomar decisiones informadas sobre su salud sexual y su identidad.

5.5.3. Nigeria

La educación sexual es limitada y se enfrenta a restricciones severas debido a factores culturales y religiosos. La falta de educación sexual integral contribuye a altas tasas de VIH y embarazos adolescentes. Además, la falta de discusión abierta sobre sexualidad puede llevar a una menor autoaceptación entre jóvenes que no cumplen con las normas heteronormativas.

5.5.4. Países Bajos

Al igual que en Suecia, los Países Bajos tienen un enfoque integral y proactivo hacia la educación sexual, comenzando desde la escuela primaria. Este enfoque ha sido eficaz en la reducción de estigmas asociados con la sexualidad y ha mejorado la aceptación de la diversidad sexual. Los adolescentes en los Países Bajos tienden a iniciar su actividad sexual más tarde y de manera más segura que en muchos otros países.

5.5.5. Brasil

Brasil ha implementado políticas de educación sexual integral en algunos estados, pero enfrenta desafíos significativos debido a la oposición política y religiosa. Las regiones que han implementado educación sexual integral muestran una mejor comprensión y aceptación de la diversidad sexual entre los jóvenes, comparado con áreas donde predomina la educación basada en la abstinencia.

La manera en que un país aborda la educación sexual en sus políticas públicas tiene un impacto profundo en cómo los jóvenes comprenden y aceptan su propia identidad sexual. Las políticas que favorecen un enfoque integral, que no solo se centra en la prevención de riesgos sino también en la comprensión de la diversidad y el respeto mutuo, tienden a fomentar entornos más inclusivos y seguros para el desarrollo de la identidad sexual de los jóvenes.

5.6. Estudios de caso que ejemplifican los beneficios de una educación sexual integral

La educación sexual juega un papel fundamental en el proceso de formación de la identidad, ya que proporciona información y recursos para que los individuos comprendan y acepten su sexualidad y sus deseos. Una educación sexual integral y basada en la diversidad promueve el autoconocimiento y la autoaceptación, ayudando a los jóvenes a desarrollar una relación saludable con su cuerpo y sus emociones.

Además, es importante que la educación sexual incluya temas como la igualdad de género, el consentimiento y la prevención de enfermedades de transmisión sexual.

Los programas de educación sexual exitosos alrededor del mundo varían en enfoque y metodología, pero comparten un objetivo común: mejorar el conocimiento y la comprensión sobre la sexualidad, fomentando la autoaceptación y el respeto mutuo. Aquí detallo algunos programas notables y su impacto:

5.6.1. Países Bajos: Programa de Educación Sexual Integral

- **Descripción del Programa:** Los Países Bajos son conocidos por su enfoque progresivo y abierto hacia la educación sexual, que comienza desde temprana edad en las escuelas. El programa cubre una amplia gama de temas, desde relaciones y afecto hasta anticoncepción y salud sexual.
- **Impacto:** Este enfoque ha contribuido a tasas bajas de embarazos adolescentes y enfermedades de transmisión sexual (ETS). También se asocia con una mejor autoaceptación sexual entre los jóvenes, permitiéndoles tomar decisiones informadas y seguras sobre su vida sexual.
- **Estudio de Caso:** Longitudinal Study on Adolescent Health: Un estudio longitudinal encontró que los adolescentes en los Países Bajos tienden a tener su primera experiencia sexual a una edad mayor y de manera más segura en comparación con sus pares en países con educación sexual más restrictiva. La incidencia de embarazos adolescentes y ETS es notablemente baja.
    - **Beneficios:** Mejora en la toma de decisiones informadas, reducción de embarazos no deseados y ETS, y aumento de la autoaceptación en la identidad sexual.

5.6.2. Suecia: Educación Sexual Comprensiva

- **Descripción del Programa:** Similar a los Países Bajos, Suecia implementa una educación sexual desde la primaria que abarca temas de identidad, roles de género, relaciones saludables y derechos sexuales.

- **Impacto:** Suecia tiene algunas de las actitudes más liberales hacia la sexualidad y esto se refleja en su educación sexual, lo que ha llevado a una mayor aceptación de diversas orientaciones sexuales e identidades de género, así como a tasas bajas de ETS y embarazos no deseados.

- **Estudio de Caso:** Comprehensive Approach: Investigaciones en Suecia han mostrado que los estudiantes que reciben educación sexual integral reportan mejores habilidades de comunicación en sus relaciones y mayor conocimiento y uso de métodos anticonceptivos.

  - **Beneficios:** Prevención de abuso, promoción de relaciones saludables y un ambiente inclusivo y respetuoso hacia todas las orientaciones sexuales e identidades de género.

5.6.3. Estados Unidos: "Get Real"

- **Descripción del Programa:** "Get Real" es un programa de educación sexual integral desarrollado por Planned Parenthood League of Massachusetts que se enfoca en habilidades de comunicación y toma de decisiones, además de información sobre anticoncepción y prevención de ETS.

- **Impacto:** Estudios han mostrado que este programa ha reducido significativamente las tasas de actividad sexual entre los estudiantes de secundaria y ha mejorado las actitudes y comportamientos respecto a la salud sexual.

- **Estudio de Caso:** The Teen Outreach Program (TOP): TOP combina educación sexual con servicio comunitario y apoyo para el desarrollo personal. Un estudio de evaluación del programa mostró que los adolescentes que participaron en TOP tuvieron tasas significativamente más bajas de embarazos, suspensiones escolares y fracaso académico en comparación con sus pares no participantes.

  - **Beneficios:** Reducción del comportamiento de riesgo adolescente, mejora del rendimiento académico y desarrollo de una identidad positiva.

5.6.4. España: Programa de Educación para la Salud Afectivo-Sexual (PESAS)

- **Descripción del Programa:** El PESAS es un programa implementado en varias regiones de España que busca educar a los jóvenes sobre la afectividad y la sexualidad desde un enfoque integral y positivo.
- **Impacto:** Ha sido efectivo en mejorar el conocimiento de los jóvenes sobre anticoncepción y ETS y promover actitudes de respeto y empatía hacia la diversidad sexual.
- **Estudio de Caso:** La evaluación del programa reveló mejoras significativas en el conocimiento sobre salud sexual y derechos, así como una actitud más positiva hacia la diversidad sexual y de género después de la intervención.
    - **Beneficios:** Aumento del conocimiento sobre salud sexual, mejora de las actitudes hacia la diversidad sexual y fortalecimiento de la autoaceptación entre los jóvenes.

5.6.5. Australia: Educación Sexual en el Currículo Escolar

- **Descripción del Programa:** En Australia, la educación sexual también es parte del currículo escolar, enfocándose en la salud, la seguridad y el bienestar en las relaciones sexuales y personales.
- **Impacto:** Este enfoque ha ayudado a los jóvenes a desarrollar habilidades prácticas y conocimientos que promueven la autoaceptación y el respeto, reduciendo los comportamientos sexuales riesgosos.
- **Estudio de Caso:** The Family Planning NSW Program: Este programa en Nueva Gales del Sur se enfoca en educar a jóvenes sobre salud sexual y relaciones a través de talleres interactivos.
  - **Beneficios:** Aumento del conocimiento sobre salud sexual, mejora de las actitudes hacia la diversidad sexual y fortalecimiento de la autoaceptación entre los jóvenes.

5.6.6. Kenia: The Tuko Pamoja Project

- **Descripción del Programa:** Este proyecto se centra en la educación sexual y el empoderamiento de jóvenes en áreas de bajos recursos.
- **Impacto:** Resultados preliminares indican un aumento en el uso de servicios de salud reproductiva y una disminución en las tasas de relaciones sexuales forzadas entre los participantes.
- **Estudio de Caso:** La evaluación del proyecto mostró mejoras en la salud reproductiva y una reducción de la violencia sexual.
  - **Beneficios:** Mejora en la salud reproductiva y reducción de la violencia sexual.

5.7. Impacto de la educación sexual en la autoestima y las relaciones

Una educación sexual adecuada contribuye al desarrollo de una autoestima saludable y a la construcción de relaciones interpersonales basadas en el respeto y la comunicación. Los jóvenes que reciben información y apoyo en temas de sexualidad tienen más probabilidades de sentirse seguros y confiados en sí mismos, lo que les permite establecer límites y expresar sus necesidades y deseos en sus relaciones.

Con respecto a esta cuestión te proporciono un estudio sobre el impacto de la educación sexual en la autoestima y las relaciones interpersonales, aquí tienes información detallada sobre investigaciones auténticas que podrían interesarte:

Estudio sobre la Autoestima y las Relaciones Sociales

Autor: Michelle A. Harris y Ulrich Orth

Publicacion: Journal of Personality and Social Psychology, 2019

Detalles del estudio: Este metaanálisis sintetiza datos longitudinales para examinar el efecto prospectivo de las relaciones sociales en la autoestima y viceversa. El estudio analiza cómo las relaciones positivas y el apoyo social no solo influyen en la autoestima de las personas a lo largo del tiempo, sino que también cómo la autoestima puede afectar la calidad de las relaciones sociales.

Resultados clave: Se encontró que las relaciones positivas son un factor influyente en el desarrollo de la autoestima. Además, personas con alta autoestima tienden a formar y mantener relaciones sociales más saludables y satisfactorias. Esto sugiere un ciclo virtuoso entre la autoestima y las relaciones sociales.

Implicaciones para la educación sexual: Los hallazgos respaldan la importancia de incluir componentes que fomenten habilidades sociales positivas y apoyo emocional en programas de educación sexual, ya que esto puede fortalecer la autoestima y mejorar la calidad de las relaciones interpersonales de los jóvenes.

Este estudio subraya cómo una educación sexual efectiva, que aborda tanto aspectos biológicos como emocionales y sociales de la sexualidad, puede tener un impacto significativo en la autoestima y en la calidad de las relaciones interpersonales de los adolescentes y jóvenes adultos. Al mejorar su comprensión y manejo de las relaciones sociales, la educación sexual integral apoya el desarrollo de una identidad personal saludable y capacidades de interacción social efectivas.

6. Medios de Comunicación y Redes Sociales

Los medios de comunicación y las redes sociales tienen un gran impacto en la percepción que los individuos tienen sobre la sexualidad y las relaciones. La representación de la diversidad sexual en estos ámbitos puede contribuir a normalizar y validar las distintas orientaciones e identidades, promoviendo la autoaceptación y la formación de una identidad sexual saludable. Sin embargo, es necesario abordar la sobresexualización y la cosificación presente en algunos contenidos mediáticos, así como fomentar una representación más realista y diversa de la sexualidad humana.

La forma en que estos medios presentan temas relacionados con la sexualidad puede tener un impacto significativo tanto positivo como negativo en los jóvenes.

6.1. Impacto Positivo de los Medios y Redes Sociales

6.1.1. Impacto Positivo de los Medios y Redes Sociales

⇨ **Educación y Acceso a Información:** Las plataformas de redes sociales y otros medios digitales pueden ser fuentes valiosas de información sobre sexualidad y salud sexual. Muchos organismos de salud utilizan estas plataformas para difundir información veraz y consejos prácticos sobre la sexualidad segura y saludable. Por ejemplo, campañas de educación sexual en Instagram o YouTube que utilizan influencers para transmitir mensajes clave sobre el consentimiento, la protección y la diversidad sexual.

⇨ **Normalización y Representación:** La presencia de temas de diversidad sexual en los medios de comunicación ha contribuido a una mayor normalización y aceptación de diferentes orientaciones sexuales e identidades de género. Series, películas y programas que retratan de manera positiva y precisa a la comunidad LGBTQ+ ayudan a fomentar un ambiente de aceptación y comprensión, lo que puede reforzar la autoestima de los jóvenes que pertenecen a estas comunidades.

⇨ **Comunidades de Apoyo:** Las redes sociales permiten la creación de comunidades donde los jóvenes pueden encontrar apoyo y validación de sus experiencias. Foros y grupos en línea ofrecen un espacio seguro para discutir temas de sexualidad, compartir experiencias personales y recibir apoyo de pares, lo cual es fundamental para el desarrollo de una autoestima saludable y para el establecimiento de relaciones interpersonales positivas.

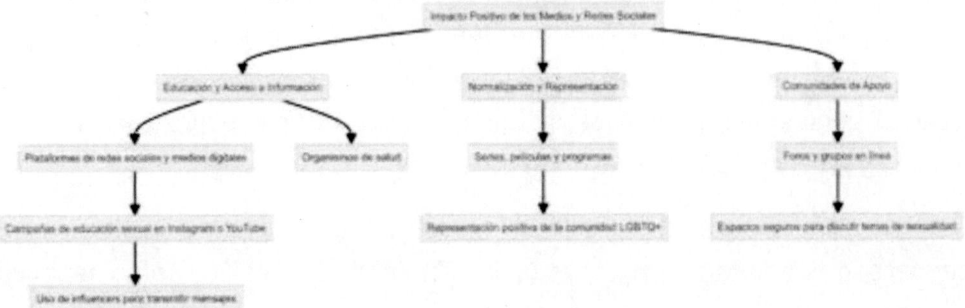

6.1.2. Impacto Negativo de los Medios y Redes Sociales

- **Presiones y Expectativas Irreales:** Los medios de comunicación y las redes sociales a menudo promueven imágenes idealizadas y a veces irreales del cuerpo y la sexualidad, lo que puede generar presión entre los jóvenes para cumplir con estos ideales. La exposición constante a cuerpos perfectos y a relaciones idealizadas puede afectar negativamente la autoestima y distorsionar las expectativas en las relaciones reales.

- **Sobreexposición y Riesgos:** La facilidad de acceso a contenido explícito y a veces inapropiado en línea puede tener consecuencias perjudiciales, especialmente para los más jóvenes. La pornografía y otros contenidos sexuales que no representan una imagen realista del sexo seguro y consensuado pueden llevar a concepciones erróneas sobre las relaciones y la sexualidad.

- **Ciberacoso y Explotación:** Las redes sociales también pueden ser plataformas para el acoso sexual y la explotación. El anonimato y la accesibilidad de las redes facilitan comportamientos como el sexting no consensuado, el ciberacoso y la explotación sexual, que pueden tener impactos devastadores en la autoestima y el bienestar emocional de los jóvenes.

La interacción entre los medios de comunicación, las redes sociales y la educación sexual es compleja y multifacética. Reconocer tanto los beneficios como los riesgos asociados con estos medios es esencial para desarrollar estrategias efectivas que apoyen el desarrollo positivo de la autoestima y las relaciones interpersonales de los jóvenes.

Los programas de televisión y las campañas en redes sociales han jugado un papel crucial en la configuración de la percepción pública de la sexualidad. Algunos han sido pioneros en abordar temas tabúes, mientras que otros han ayudado a normalizar la diversidad sexual y de género. A continuación, se detalla un análisis de contenido específico de varios programas y campañas que han tenido un impacto significativo:

1. Programa: "Sex Education" (Netflix)

Análisis de contenido: "Sex Education" es una serie británica que explora las vidas sexuales y personales de un grupo diverso de adolescentes. La serie aborda temas como la homosexualidad, la identidad de género, el consentimiento sexual, y la masturbación de manera abierta y con sensibilidad.

Impacto: Esta serie ha sido elogiada por su enfoque educativo y por proporcionar una representación realista y relatable de los problemas sexuales y emocionales a los que se enfrentan los adolescentes. Ha ayudado a abrir diálogos entre jóvenes y adultos sobre temas que a menudo se consideran incómodos o tabú.

2. Campaña: #MeToo (Global)

Análisis de contenido: Aunque inicialmente no centrada exclusivamente en la sexualidad, la campaña #MeToo ha tenido un profundo impacto en la discusión sobre el consentimiento y la violencia sexuales. Utilizando hashtags en redes sociales, mujeres de todo el mundo compartieron sus experiencias con el acoso y el abuso sexual. Impacto: Esta campaña ha cambiado significativamente la conversación global sobre la sexualidad, destacando la importancia del consentimiento y mostrando la prevalencia del acoso sexual. Ha llevado a una mayor conciencia y a cambios legislativos en varios países para proteger mejor a las personas de la violencia sexual.

3. Programa: "Orange Is the New Black" (Netflix)

Esta serie estadounidense se centra en las vidas de las mujeres en una prisión federal y presenta una amplia gama de orientaciones sexuales e identidades de género. Aborda temas como las relaciones lésbicas, transgénero y bisexuales de manera franca y empática.

Impacto: "Orange Is the New Black" ha sido fundamental para visibilizar las experiencias LGBTQ+ dentro y fuera de la prisión. La serie ha contribuido a desafiar y cambiar percepciones estereotipadas sobre la sexualidad y la identidad de género.

4. Campaña: "Real Beauty" de Dove

Análisis de contenido: Aunque centrada en la imagen corporal, la campaña "Real Beauty" de Dove también aborda cómo se perciben la belleza y el cuerpo en el contexto de la sexualidad. La campaña utiliza imágenes de mujeres de diferentes tamaños, formas y orígenes étnicos para desafiar las normas estéticas convencionales.

Impacto: Al promover una imagen corporal positiva, Dove ha influenciado la forma en que las personas perciben su propia sexualidad y desirabilidad. Esta campaña ha ayudado a muchas mujeres a sentirse más cómodas con sus cuerpos, lo que es fundamental para una vida sexual saludable y satisfactoria.

5. Campaña: "It's On Us"

Análisis de contenido: Lanzada inicialmente en los Estados Unidos, "It's On Us" es una campaña destinada a combatir la violencia sexual en los campus universitarios, enfatizando la responsabilidad de todos en la prevención del acoso y la agresión sexual.

Impacto: Ha promovido un diálogo nacional sobre el consentimiento y la seguridad sexual, y ha fomentado políticas y programas en universidades para proteger a los estudiantes del acoso y la agresión sexual.

Estos programas y campañas ilustran cómo los medios de comunicación pueden tener un impacto positivo al educar al público, desafiar las normas sociales y promover un entendimiento más inclusivo y respetuoso de la sexualidad. Al mismo tiempo, destacan la necesidad de abordar estos temas de manera responsable y con consideración hacia todas las audiencias.

6.2. Representación de la diversidad sexual en los medios

La representación de la diversidad sexual en los medios de comunicación ha evolucionado significativamente en las últimas décadas, pasando de estereotipos y representaciones marginales a personajes más complejos y diversas narrativas que reflejan las realidades de la comunidad LGBTQ+. Esta visibilidad es crucial no solo para la normalización y la aceptación social, sino también para el empoderamiento de individuos dentro de estas comunidades. Aquí se explora cómo esta representación contribuye a cambios socioculturales significativos y cómo podría ampliarse aún más.

6.2.1. Impacto Cultural y Social

- **Educación y Conciencia:** Al presentar personajes y temáticas LGBTQ+ en contextos cotidianos, los medios pueden educar al público general sobre la existencia y la validez de diferentes identidades sexuales y de género. Programas como "Pose" y "RuPaul's Drag Race" han ayudado a ilustrar la riqueza de la cultura queer y trans, educando a la audiencia sobre la historia, los desafíos y las celebraciones de estas comunidades.

- **Reducción del Estigma:** La representación positiva y frecuente de personajes LGBTQ+ puede desafiar las percepciones negativas y reducir el estigma. Series como "Orange is the New Black" y "The L Word" han mostrado una variedad de personajes LGBTQ+ en situaciones relatables, lo que puede hacer que estas identidades sean vistas como menos 'otras' y más integradas en el tejido de la sociedad.

- **Modelos a Seguir:** Figuras públicas y personajes de medios que son abiertamente LGBTQ+ sirven como modelos a seguir para jóvenes en proceso de entender su propia sexualidad o identidad de género. Ver a personas exitosas y respetadas que comparten aspectos de su identidad puede ser inspirador y validar las experiencias de los jóvenes LGBTQ+.

6.2.2. Ampliación de la Representación

- **Diversidad dentro de la Diversidad:** A menudo, la representación de personas LGBTQ+ en los medios se ha centrado en experiencias predominantemente blancas y de clase media. Es crucial ampliar esta representación para incluir una mayor diversidad racial, étnica y socioeconómica, así como explorar las intersecciones de identidad que afectan a las personas LGBTQ+ de diferentes culturas y orígenes.
- **Historias de Éxito y Desafíos:** Mientras que muchas narrativas se han centrado en los desafíos y luchas, también es importante mostrar historias de éxito, felicidad y amor dentro de la comunidad LGBTQ+. Esto puede proporcionar una visión más equilibrada y esperanzadora de las vidas LGBTQ+, destacando la alegría y la normalidad además de la adversidad.
- **Educación sobre el Espectro de Identidad:** Los medios tienen el poder de educar sobre el espectro más amplio de identidades sexuales y de género, incluyendo identidades no binarias y asexuales, que a menudo son menos visibles. Programas y películas que exploran estas identidades pueden fomentar una mayor comprensión y aceptación.

6.2.3. Desafíos y Consideraciones

- **Evitar la Tokenización:** Es esencial que los personajes LGBTQ+ en los medios no se reduzcan a simples clichés o sean incluidos solo para "marcar una casilla". Deben ser personajes plenamente realizados cuyas identidades informen, pero no limiten, sus roles y contribuciones a las historias.
- **Reacción y Controversia:** Si bien la visibilidad aumentada puede ser positiva, también puede generar controversia y reacción negativa en ciertos sectores de la audiencia. Los creadores de contenido deben estar preparados para defender sus elecciones inclusivas y trabajar para educar y abordar las críticas de manera constructiva.

Mientras que la representación de la diversidad sexual en los medios ha avanzado considerablemente, aún queda mucho por hacer para garantizar que estas representaciones sean inclusivas, educativas y respetuosas. Al hacerlo, los medios no solo reflejan la realidad de la diversidad humana, sino que también modelan una sociedad más inclusiva y comprensiva.

6.3. Rol de las redes sociales en la formación de la identidad

Las redes sociales pueden ser una herramienta valiosa para la formación de la identidad y la autoaceptación, ya que permiten a los jóvenes conectarse con personas que comparten sus experiencias y encontrar información y apoyo. Sin embargo, también es importante abordar los riesgos asociados a las redes sociales, como la exposición a contenidos inapropiados, la comparación social y el ciberacoso. Para minimizar estos riesgos, es necesario promover una utilización responsable de las redes sociales y fomentar la educación digital en el ámbito familiar y escolar.

Las redes sociales han revolucionado la forma en que las personas, especialmente los jóvenes, se comunican, interactúan y forman su identidad. Estas plataformas ofrecen oportunidades únicas para la autoexpresión y la conexión social, pero también presentan desafíos significativos que pueden impactar el desarrollo de la identidad y la autoaceptación.

6.3.1. Beneficios de las Redes Sociales en la Formación de la Identidad

- **Comunidades de Apoyo:** Las redes sociales permiten a los jóvenes encontrar comunidades y grupos donde pueden compartir intereses comunes, preocupaciones o experiencias. Para aquellos que pueden sentirse aislados en sus comunidades locales, como los jóvenes LGBTQ+, las redes sociales pueden ofrecer un espacio de aceptación y comprensión donde pueden explorar y afirmar su identidad.

- **Acceso a Información Diversa:** A través de las redes sociales, los jóvenes tienen acceso a una amplia gama de contenidos que pueden educarlos y ampliar su comprensión del mundo. Esto incluye información sobre salud, política, diferentes culturas y, crucialmente, sobre diversas formas de vivir y expresar la identidad sexual y de género.

- **Autoexpresión y Creatividad:** Las plataformas sociales ofrecen a las jóvenes herramientas para explorar y presentar su identidad de maneras creativas. A través de blogs y otras formas de contenido multimedia, pueden expresarse y recibir retroalimentación en un entorno relativamente controlado.

6.3.2. Riesgos Asociados con las Redes Sociales

- **Comparación Social y Ansiedad:** Las redes sociales a menudo presentan versiones idealizadas de la vida y la identidad, lo que puede llevar a comparaciones poco realistas y sentimientos de insuficiencia. La constante exposición a imágenes de "perfección" puede deteriorar la autoestima de los jóvenes y distorsionar su percepción de una identidad "normal" o deseable.

- **Exposición a Contenidos Inapropiados:** Los jóvenes pueden encontrarse con contenido explícito, inapropiado o manipulado que puede confundir o influir negativamente en su comprensión de relaciones saludables y sexualidad. Esto subraya la necesidad de supervisión y orientación por parte de adultos y educadores.

- **Ciberacoso y Acoso en Línea:** Las redes sociales también pueden ser un canal para el acoso y el abuso, lo que puede tener consecuencias devastadoras para la autoestima y el bienestar emocional de los jóvenes. La naturaleza anónima o semi-anónima de Internet puede facilitar comportamientos abusivos que los jóvenes pueden encontrar difíciles de manejar.

6.3.3. Estrategias para Maximizar los Beneficios y Minimizar los Riesgos

- **Educación Digital Integral:** Incorporar la educación digital en los currículos escolares para enseñar a los jóvenes cómo navegar por las redes sociales de manera responsable. Esto debe incluir lecciones sobre privacidad, manejo de la información, ética en línea y reconocimiento de contenido falso o manipulado.

- **Fomentar la Alfabetización Mediática:** Ayudar a los jóvenes a desarrollar habilidades críticas para analizar y cuestionar la información y las imágenes que encuentran en línea. Esto es crucial para que puedan distinguir entre representaciones realistas y aquellas que son idealizadas o distorsionadas.

- **Promoción de la Interacción Segura en Línea:** Educar a los jóvenes sobre los riesgos del ciberacoso y proporcionarles estrategias para protegerse en línea. Además, fomentar un ambiente donde se sientan cómodos buscando ayuda cuando enfrentan problemas en las redes sociales.

- **Colaboración Entre Padres y Educadores:** Establecer una comunicación abierta entre los padres y las escuelas para coordinar esfuerzos que promuevan un uso seguro y saludable de las redes sociales. Esto puede incluir talleres para padres sobre tecnologías digitales y cómo pueden apoyar a sus hijos en la construcción de una identidad digital saludable.

6.4. Medios de comunicación y estereotipos de género

Los medios de comunicación tienen una influencia poderosa en la formación de percepciones y actitudes sociales, incluyendo cómo se perciben los roles de género. A menudo, estos medios pueden reforzar y perpetuar estereotipos de género que tienen profundas implicaciones en la libertad sexual y la autoexpresión de individuos de todos los géneros. Para abordar estos problemas y fomentar una sociedad más equitativa, es fundamental promover una representación más justa y equilibrada en todos los medios.

6.4.1. Efectos de los Estereotipos de Género en los Medios

Limitación de Roles: Los medios tradicionalmente han presentado una gama limitada de roles para hombres y mujeres, a menudo basados en normas obsoletas y rígidas. Por ejemplo, las mujeres frecuentemente son retratadas como cuidadoras pasivas mientras que los hombres son mostrados como figuras dominantes y activas. Estas representaciones no solo refuerzan roles de género anticuados, sino que también limitan la comprensión de la sociedad sobre las capacidades y el potencial de cada persona.

Impacto en la Autoestima y la Autoexpresión: La exposición constante a estereotipos de género puede afectar negativamente la autoestima de las personas y su capacidad para expresarse libremente. Los jóvenes, en particular, pueden sentir que deben ajustarse a estas normas restrictivas para ser aceptados socialmente, lo cual puede limitar su exploración personal y desarrollo de una identidad auténtica.

Perpetuación de la Desigualdad: La representación estereotipada en los medios no solo afecta a la percepción individual, sino que también perpetúa estructuras de poder desiguales en la sociedad. Estos estereotipos pueden influir en decisiones políticas y sociales que afectan la igualdad de género, como el acceso a ciertos trabajos, roles de liderazgo y la formulación de políticas públicas.

6.4.2. Promoción de una Representación Más Justa

Diversidad de Representaciones: Es crucial que los medios presenten una amplia variedad de personajes y roles para todos los géneros, mostrando una gama de habilidades, emociones y aspiraciones que trasciendan los estereotipos tradicionales. Esto no solo enriquece el contenido mediático, sino que también ofrece a la audiencia una visión más realista y diversa de la sociedad.

Inclusión de Voces Marginales: Aumentar la visibilidad de voces y perspectivas marginalizadas en los medios es fundamental para desafiar los estereotipos de género. Esto incluye dar plataforma a creadores de contenido y narrativas de mujeres, personas trans, no binarias y de diversas orientaciones sexuales, cuyas experiencias y perspectivas pueden ofrecer nuevos entendimientos y enriquecer el diálogo público.

Educación y Sensibilización Mediática: Los consumidores de medios también deben ser educados para reconocer y cuestionar los estereotipos de género. Esto puede lograrse a través de programas educativos que enseñen a los espectadores a analizar críticamente el contenido mediático y a ser conscientes de cómo los medios pueden influir en sus percepciones y actitudes.

Apoyo a Políticas de Igualdad en Medios: Fomentar políticas que promuevan la igualdad de género en la industria de los medios es otro paso crucial. Esto puede incluir cuotas para asegurar la representación equitativa en puestos de toma de decisiones dentro de los medios, así como en la representación en pantalla.

Al abordar cómo los medios perpetúan los estereotipos de género y trabajar hacia una representación más justa y equitativa, podemos ayudar a crear una sociedad más inclusiva que valoriza y celebra la diversidad en todas sus formas. Esto no solo beneficia a aquellos directamente afectados por los estereotipos, sino que enriquece el tejido social y cultural en su conjunto.

7. Promoción del Respeto y la Tolerancia en la Sociedad

La libertad sexual es un elemento clave en la promoción de una sociedad más inclusiva y tolerante. El respeto hacia las diferencias y la aceptación de la diversidad sexual se traducen en la lucha contra la discriminación y la violencia de género, así como en la promoción de los derechos humanos y la igualdad de oportunidades. Además, el diálogo y la educación en materia de sexualidad contribuyen a la desmitificación de estereotipos y prejuicios, fomentando una convivencia armónica y respetuosa.

7.1. Lucha contra la discriminación y la violencia de género

El respeto y la tolerancia hacia la diversidad sexual son fundamentales para combatir la discriminación y la violencia de género. La promoción de políticas públicas y leyes que protejan los derechos de las personas LGBTQ+ y garanticen su igualdad de oportunidades es crucial para erradicar la discriminación y el estigma social. Además, es necesario crear espacios seguros y de apoyo para las víctimas de violencia de género y promover campañas de concienciación y prevención de este fenómeno.

7.2. Implementación de políticas públicas y legislación inclusiva

El establecimiento de políticas públicas y legislaciones que protejan los derechos de las personas LGBTQ+ es fundamental para combatir la discriminación y la violencia de género. Estas medidas, además de promover una sociedad más justa e inclusiva, son esenciales para asegurar que todas las personas, independientemente de su orientación sexual o identidad de género, puedan vivir con dignidad y respeto. A continuación, se detallan las principales áreas de acción para implementar políticas y leyes inclusivas.

7.2.1. Leyes Antidiscriminación

1. **Promulgación de Leyes Específicas:** Es necesario crear y aprobar leyes que específicamente prohíban la discriminación basada en la orientación sexual y la identidad de género en todos los ámbitos de la vida pública y privada, incluyendo el empleo, la vivienda, la educación y los servicios públicos.

2. **Sanciones Claras y Ejemplares:** Establecer sanciones claras y ejemplares para quienes violen las leyes antidiscriminatorias. Esto incluye multas, penas de cárcel y la obligación de reparar el daño causado a las víctimas.

3. **Órganos de Supervisión y Cumplimiento:** Crear organismos o comisiones independientes encargadas de supervisar el cumplimiento de las leyes antidiscriminatorias, investigar denuncias y aplicar sanciones.

7.2.2. Políticas de Igualdad de Oportunidades

1. **Igualdad en el Ámbito Laboral:** Implementar políticas que aseguren la igualdad de oportunidades en el lugar de trabajo. Esto incluye la prohibición de discriminación en la contratación, promoción y despido, así como la adopción de medidas que fomenten la diversidad y la inclusión en el entorno laboral.

2. **Acceso Equitativo a la Educación:** Garantizar que las instituciones educativas sean espacios libres de discriminación, promoviendo programas y currículos inclusivos que reflejen y respeten la diversidad sexual y de género.

3. **Capacitación y Sensibilización:** Ofrecer programas de capacitación y sensibilización a empleadores, educadores y funcionarios públicos sobre la importancia de la igualdad y la no discriminación, así como sobre los derechos de las personas LGBTQ+.

7.2.3. Reconocimiento Legal de Uniones y Matrimonios

1. **Legalización de Matrimonios y Uniones Civiles:** Asegurar el reconocimiento legal de los matrimonios y las uniones civiles entre personas del mismo sexo, otorgándoles los mismos derechos y beneficios que a las parejas heterosexuales.

2. **Derechos de Familia:** Garantizar que las parejas del mismo sexo tengan los mismos derechos en términos de adopción, custodia y filiación de hijos, así como acceso a beneficios de seguridad social y pensiones.

7.2.4. Acceso a Servicios de Salud y Apoyo Psicológico

1. **Servicios de Salud Inclusivos:** Asegurar que los servicios de salud sean accesibles y respetuosos con las necesidades específicas de las personas LGBTQ+. Esto incluye la formación de profesionales de la salud en temas de diversidad sexual y de género, y la eliminación de prácticas discriminatorias en la atención médica.

2. **Apoyo Psicológico Especializado:** Proporcionar acceso a servicios de apoyo psicológico y consejería especializados para personas que han sufrido discriminación y violencia de género. Estos servicios deben ser confidenciales, accesibles y culturalmente competentes.

3. **Campañas de Sensibilización:** Desarrollar y promover campañas de sensibilización dirigidas a la población en general, para educar sobre los derechos de las personas LGBTQ+ y la importancia de la igualdad y el respeto.

La implementación de políticas públicas y legislaciones inclusivas es un paso crucial hacia la erradicación de la discriminación y la violencia de género. Estas medidas no solo protegen los derechos de las personas LGBTQ+, sino que también promueven una sociedad más justa y equitativa.

Es responsabilidad de los gobiernos y de la sociedad en su conjunto trabajar juntos para garantizar que todos, independientemente de su orientación sexual o identidad de género, puedan vivir con dignidad, respeto y seguridad.

7.3. Creación de espacios seguros y de apoyo

La creación de espacios seguros y de apoyo para las personas que enfrentan discriminación y violencia de género es crucial para promover la recuperación y el empoderamiento de las víctimas. Estos espacios, además de proporcionar un refugio físico, ofrecen un ambiente en el que las personas pueden recibir el apoyo necesario para superar sus experiencias traumáticas y reconstruir sus vidas. A continuación, se exploran las diferentes dimensiones de estos espacios y cómo contribuyen a combatir la discriminación y la violencia de género.

7.3.1. Centros de Atención y Refugios

- **Refugios para Víctimas de Violencia de Género:** Establecer refugios que brinden un lugar seguro para las personas que huyen de situaciones de violencia. Estos refugios deben ofrecer alojamiento temporal, alimentos, ropa y otros servicios básicos.

- **Centros de Atención Integral:** Crear centros que proporcionen atención integral, incluyendo servicios médicos, apoyo psicológico, asesoramiento legal y programas de reintegración social y laboral. Estos centros deben ser accesibles y contar con personal capacitado en la atención de personas LGBTQ+.

- **Espacios de Atención Confidencial:** Garantizar que los servicios ofrecidos en estos centros sean confidenciales, para que las víctimas puedan sentirse seguras y protegidas al buscar ayuda.

7.3.2. Programas de Apoyo Emocional y Asesoramiento Legal

- **Apoyo Psicológico y Terapéutico:** Implementar programas de apoyo psicológico y terapéutico que ayuden a las víctimas a procesar y superar sus experiencias de violencia y discriminación. Estos programas deben incluir terapias individuales y grupales, y ser dirigidos por profesionales capacitados en el manejo de traumas.

- **Asesoramiento Legal:** Proveer servicios de asesoramiento legal gratuitos o a bajo costo para las víctimas, ayudándolas a entender sus derechos y las opciones legales disponibles para protegerse y buscar justicia. Esto puede incluir asistencia en la obtención de órdenes de restricción, representación en juicios y apoyo en casos de discriminación laboral.
- **Programas de Empoderamiento:** Desarrollar programas que fomenten el empoderamiento de las víctimas, ofreciéndoles herramientas y recursos para reconstruir sus vidas. Esto puede incluir capacitación laboral, programas de educación y apoyo en la búsqueda de empleo.

7.3.3. Redes de Apoyo Comunitarias

- **Grupos de Apoyo y Redes Comunitarias:** Fomentar la creación de grupos de apoyo y redes comunitarias donde las personas puedan compartir sus experiencias y recibir apoyo mutuo. Estos grupos deben ser inclusivos y accesibles, proporcionando un espacio seguro para la expresión y el fortalecimiento personal.
- **Formación y Sensibilización Comunitaria:** Implementar programas de formación y sensibilización en comunidades locales para educar a las personas sobre la importancia del respeto y la inclusión, y sobre cómo pueden apoyar a las víctimas de violencia y discriminación.
- **Voluntariado y Participación Ciudadana:** Promover el voluntariado y la participación ciudadana en iniciativas de apoyo a las víctimas de violencia de género. Esto puede incluir la formación de voluntarios para brindar apoyo emocional, participar en campañas de concienciación y colaborar en la gestión de refugios y centros de atención.

7.3.4. Cooperación entre Organizaciones Gubernamentales y No Gubernamentales

- **Alianzas Estratégicas:** Fomentar alianzas estratégicas entre organizaciones gubernamentales y no gubernamentales para coordinar esfuerzos y maximizar los recursos disponibles. Estas alianzas pueden mejorar la eficacia de los programas de apoyo y asegurar una respuesta más cohesiva y integral a la discriminación y la violencia de género.

- **Intercambio de Buenas Prácticas:** Facilitar el intercambio de buenas prácticas y experiencias exitosas entre diferentes organizaciones y comunidades. Esto puede ayudar a replicar modelos efectivos de apoyo y ampliar su impacto.

- **Financiación y Recursos:** Asegurar que tanto las organizaciones gubernamentales como las no gubernamentales cuenten con la financiación y los recursos necesarios para llevar a cabo sus programas de apoyo. Esto incluye la provisión de fondos públicos, la captación de recursos de donantes privados y la búsqueda de subvenciones internacionales.

La creación de espacios seguros y de apoyo es una parte esencial de la lucha contra la discriminación y la violencia de género. Estos espacios no solo proporcionan refugio y asistencia inmediata, sino que también desempeñan un papel crucial en la recuperación y el empoderamiento de las víctimas. A través de la implementación de centros de atención y refugios, programas de apoyo emocional y asesoramiento legal, redes de apoyo comunitarias y la cooperación entre organizaciones, podemos construir una sociedad más justa e inclusiva, donde todas las personas puedan vivir con dignidad y respeto.

7.4. Campañas de concienciación y prevención

La realización de campañas de concienciación y prevención es esencial para cambiar actitudes y comportamientos en relación con la diversidad sexual y la violencia de género. Estas iniciativas son fundamentales para educar a la sociedad, promover el respeto y la igualdad, y prevenir el acoso y la violencia en diversos ámbitos. A continuación, se desarrollan los principales componentes de estas campañas y cómo pueden implementarse efectivamente.

7.4.1. Objetivos de las Campañas

- **Promover el Respeto y la Igualdad:** Fomentar una cultura de respeto y aceptación hacia todas las personas, independientemente de su orientación sexual o identidad de género.
- **Educar sobre el Consentimiento:** Informar a la población sobre la importancia del consentimiento en todas las interacciones, subrayando que cualquier relación debe basarse en el acuerdo mutuo y el respeto.
- **Prevenir el Acoso y la Violencia:** Proveer información y recursos para prevenir el acoso y la violencia de género en los entornos escolares, laborales y comunitarios, y capacitar a las personas para que reconozcan y denuncien estos comportamientos.

7.4.2. Temas Clave a Abordar

- **Diversidad Sexual y de Género:** Explicar y normalizar la diversidad sexual y de género, educando sobre las diferentes orientaciones sexuales e identidades de género, y desmontando mitos y prejuicios.
- **Igualdad de Género:** Promover la igualdad de género en todos los

ámbitos, subrayando la importancia de tratar a todas las personas con equidad y respeto, y destacar los beneficios sociales y económicos de una sociedad igualitaria.

- **Prevención del Acoso:** Desarrollar materiales y programas educativos que enseñen a reconocer y prevenir el acoso sexual y de género, y proporcionar herramientas para apoyar a las víctimas y sancionar a los agresores.

- **Derechos Humanos y Legislación:** Informar sobre los derechos humanos y la legislación existente que protege a las personas LGBTQ+ y a las víctimas de violencia de género, animando a la población a conocer y exigir sus derechos.

7.4.3. Estrategias de Implementación

- **Uso de Medios de Comunicación:** Emplear una variedad de medios de comunicación, incluyendo televisión, radio, prensa escrita y plataformas digitales, para difundir mensajes clave. Los anuncios, documentales y entrevistas pueden llegar a una amplia audiencia y generar un impacto significativo.

- **Campañas en Redes Sociales:** Utilizar redes sociales como Facebook, Twitter, Instagram y TikTok para alcanzar a un público diverso, especialmente a los jóvenes. Las campañas en redes sociales pueden incluir publicaciones informativas, vídeos, testimonios y desafíos virales que fomenten la participación y el compromiso.

- **Eventos Comunitarios y Talleres:** Organizar eventos comunitarios, como charlas, talleres y ferias de concienciación, que permitan la interacción directa y el aprendizaje participativo. Estos eventos pueden ser dirigidos a diferentes grupos demográficos, incluyendo estudiantes, trabajadores, líderes comunitarios y padres de familia.

- **Material Educativo y Recursos Didácticos:** Desarrollar y distribuir material educativo, como folletos, guías, carteles y vídeos, que puedan ser utilizados en escuelas, universidades, lugares de trabajo y centros comunitarios. Estos materiales deben ser accesibles y culturalmente relevantes.

- **Participación de Figuras Públicas y Líderes de Opinión:** Involucrar a figuras públicas, celebridades y líderes de opinión en las campañas para aumentar su visibilidad e impacto. Su participación puede atraer la atención de los medios y del público, y ayudar a transmitir los mensajes de manera efectiva.

7.4.4. Evaluación y Seguimiento

- **Monitoreo de Impacto:** Implementar mecanismos para monitorear y evaluar el impacto de las campañas, utilizando encuestas, grupos focales y análisis de datos para medir cambios en las actitudes y comportamientos.

- **Ajuste y Mejora Continua:** Basar las campañas en datos y retroalimentación para ajustarlas y mejorarlas continuamente, asegurando que sean relevantes y efectivas en diferentes contextos y poblaciones.

- **Colaboración y Alianzas:** Fomentar la colaboración entre organizaciones gubernamentales, no gubernamentales, académicas y del sector privado para maximizar los recursos y el alcance de las campañas.

Las campañas de concienciación y prevención son herramientas poderosas para cambiar actitudes y comportamientos en relación con la diversidad sexual y la violencia de género. A través de una estrategia multifacética que incluye medios de comunicación, redes sociales, eventos comunitarios, material educativo y la participación de figuras públicas, estas campañas pueden tener un impacto significativo en la sociedad. Al educar a la población y promover una cultura de respeto e igualdad, podemos avanzar hacia una sociedad más inclusiva y libre de violencia.

7.5. Importancia de la Educación en la Diversidad Sexual

7.5.1. Desmitificación de estereotipos y prejuicios

La educación y el diálogo son herramientas esenciales para desmitificar estereotipos y prejuicios en torno a la sexualidad y las relaciones. La información basada en evidencia científica y el testimonio de personas pertenecientes a distintas comunidades sexuales pueden contribuir a cambiar la percepción de la sociedad y fomentar la empatía y el respeto hacia las diferencias.

7.5.2. Educación y Diálogo sobre la Diversidad Sexual

Fomentar la educación y el diálogo sobre la diversidad sexual es clave para desmantelar estereotipos y prejuicios que perpetúan la discriminación y la violencia. El intercambio de información basada en evidencia científica y el testimonio de personas pertenecientes a diferentes comunidades sexuales pueden ayudar a cambiar la percepción de la sociedad y a promover la empatía y el respeto hacia las diferencias. A continuación, se detalla cómo se puede implementar esta estrategia de manera efectiva.

7.5.3. Estrategias Educativas

- **Integración en el Currículo Escolar:** Incluir la educación sobre la diversidad sexual y de género en los currículos escolares desde una edad temprana. Esto debe abarcar la comprensión de diferentes orientaciones sexuales e identidades de género, y la importancia del respeto y la inclusión.
- **Programas de Formación para Docentes:** Capacitar a los docentes para que puedan abordar temas de diversidad sexual y de género de manera informada y sensible. Los programas de formación deben proporcionar herramientas pedagógicas y recursos para manejar discusiones en el aula y apoyar a estudiantes LGBTQ+.
- **Materiales Educativos Basados en Evidencia:** Desarrollar y distribuir materiales educativos basados en evidencia científica sobre la diversidad sexual. Estos materiales pueden incluir libros, folletos, vídeos y plataformas en línea que expliquen conceptos clave y desmientan mitos y estereotipos.
- **Charlas y Talleres Informativos:** Organizar charlas y talleres en escuelas, universidades y comunidades para educar a los estudiantes y al público en general sobre la diversidad sexual. Estas sesiones pueden ser dirigidas por expertos en la materia y miembros de la comunidad LGBTQ+.

7.5.4. Promoción del Diálogo

- **Foros de Discusión y Mesas Redondas:** Crear espacios para el diálogo abierto y respetuoso sobre temas de diversidad sexual. Los foros de discusión y las mesas redondas permiten que las personas compartan sus experiencias y aprendan de los demás en un ambiente seguro y constructivo.

- **Testimonios y Historias Personales:** Invitar a personas de diversas orientaciones sexuales e identidades de género a compartir sus historias personales. Los testimonios en primera persona pueden ser poderosos para humanizar las experiencias de la comunidad LGBTQ+ y romper barreras de incomprensión y prejuicio.

- **Campañas Mediáticas:** Utilizar los medios de comunicación para difundir mensajes de inclusión y respeto. Las campañas mediáticas pueden incluir anuncios de servicio público, programas de televisión, artículos en periódicos y publicaciones en redes sociales que promuevan la aceptación y la empatía.

7.5.5. Iniciativas Comunitarias

- **Proyectos de Inclusión Comunitaria:** Desarrollar proyectos comunitarios que fomenten la inclusión y el apoyo a las personas LGBTQ+. Esto puede incluir la creación de centros comunitarios, grupos de apoyo y eventos inclusivos que celebren la diversidad.

- **Colaboración con Organizaciones LGBTQ+:** Colaborar con organizaciones locales, nacionales e internacionales que trabajen en la promoción de los derechos LGBTQ+. Estas organizaciones pueden proporcionar recursos, apoyo y experiencia para ayudar a implementar programas educativos y de diálogo.

- **Apoyo a las Familias:** Ofrecer programas de apoyo y educación a las familias de personas LGBTQ+ para ayudarles a entender y aceptar la diversidad sexual. El apoyo familiar es crucial para el bienestar y la integración social de las personas LGBTQ+.

7.5.6. Evaluación y Mejora Continua

- **Monitoreo y Evaluación de Programas:** Implementar mecanismos para monitorear y evaluar la efectividad de los programas educativos y de diálogo. Esto puede incluir encuestas, entrevistas y grupos focales para recoger retroalimentación y hacer ajustes necesarios.

- **Adaptación a Contextos Locales:** Asegurar que los programas y materiales educativos sean culturalmente relevantes y adaptados a los contextos locales. La sensibilización cultural puede aumentar la efectividad de las iniciativas y asegurar una mayor aceptación en diversas comunidades.

La educación y el diálogo son pilares fundamentales para desmitificar estereotipos y prejuicios sobre la diversidad sexual. A través de estrategias educativas integradas, la promoción del diálogo y las iniciativas comunitarias, se puede fomentar una sociedad más empática y respetuosa hacia las diferencias. La participación de docentes, estudiantes, familias y la comunidad en general es esencial para crear un entorno inclusivo donde todos puedan vivir con dignidad y respeto.

7.5.7. Incorporación de la diversidad sexual en la educación formal

Incorporar temas relacionados con la diversidad sexual en la educación formal es crucial para promover una cultura de respeto y tolerancia desde temprana edad. La educación es una herramienta poderosa para moldear las actitudes y comportamientos de los individuos, y una educación inclusiva puede desempeñar un papel fundamental en la desmitificación de estereotipos y prejuicios.

- Inclusión de Contenidos sobre Diversidad Sexual en los Programas de Estudio
  - **Currículos Inclusivos:** Desarrollar currículos que incluyan temas sobre orientaciones sexuales e identidades de género desde la educación primaria hasta la secundaria. Estos currículos deben abordar la historia, los derechos y las contribuciones de las personas LGBTQ+ a la sociedad.
  - **Educación Integral en Sexualidad:** Integrar una educación integral en sexualidad que no solo se centre en aspectos biológicos, sino que también incluya discusiones sobre consentimiento, respeto, relaciones saludables y la diversidad sexual y de género.
  - **Materiales Didácticos Adecuados:** Producir y utilizar materiales didácticos que representen la diversidad sexual de manera positiva

y respetuosa. Esto incluye libros de texto, recursos en línea, vídeos educativos y otros materiales pedagógicos.

- Capacitación de Docentes
  - **Formación Continua:** Implementar programas de formación continua para docentes, capacitándolos en temas de diversidad sexual y género. Esto debe incluir estrategias para crear un ambiente de aula inclusivo y seguro para todos los estudiantes.
  - **Desarrollo de Competencias:** Desarrollar competencias específicas en los docentes para abordar de manera adecuada y respetuosa las preguntas y situaciones relacionadas con la diversidad sexual que puedan surgir en el aula.
  - **Red de Apoyo Profesional:** Establecer redes de apoyo profesional para que los docentes puedan compartir experiencias, recursos y estrategias para promover la inclusión en sus aulas.

- Evaluación y Mejora
  - **Evaluación de Impacto:** Evaluar el impacto de la inclusión de temas de diversidad sexual en los programas educativos mediante encuestas, entrevistas y estudios longitudinales para medir cambios en las actitudes y comportamientos de los estudiantes.
  - **Retroalimentación Continua:** Recopilar retroalimentación de estudiantes, padres y docentes para ajustar y mejorar continuamente los programas y materiales educativos relacionados con la diversidad sexual.

7.6. Participación de la Sociedad Civil

La participación de la sociedad civil en la promoción del respeto y la tolerancia hacia la diversidad sexual es fundamental para lograr cambios duraderos. Organizaciones y colectivos desempeñan un papel crucial en la educación, el apoyo y la defensa de los derechos de las personas LGBTQ+.

- Colaboración entre Organizaciones
  - **Alianzas Estratégicas:** Fomentar alianzas estratégicas entre organizaciones de la sociedad civil, entidades gubernamentales y el sector privado para coordinar esfuerzos y maximizar el impacto de las iniciativas de promoción de la diversidad sexual.
  - **Compartir Recursos y Conocimientos:** Facilitar el intercambio de recursos, conocimientos y buenas prácticas entre organizaciones. Esto puede incluir la creación de plataformas en línea, conferencias y talleres conjuntos.
  - **Campañas Conjuntas:** Desarrollar y ejecutar campañas conjuntas de sensibilización y educación que aborden la diversidad sexual y promuevan la inclusión y el respeto en diferentes ámbitos de la sociedad.
- Programas de Apoyo y Defensa
  - **Servicios de Apoyo Comunitario:** Establecer y fortalecer servicios de apoyo comunitario que ofrezcan asesoría legal, apoyo psicológico

y recursos para personas LGBTQ+. Estos servicios deben ser accesibles y estar disponibles en diferentes regiones y comunidades.

- **Defensa de Derechos:** Activar programas de defensa de derechos que trabajen para influir en políticas públicas y legislación a favor de la igualdad y la protección de las personas LGBTQ+. Esto incluye la participación en debates públicos, la creación de peticiones y la movilización de la comunidad.
- **Educación y Sensibilización Pública:** Implementar programas de educación y sensibilización dirigidos a la población en general, incluyendo talleres, charlas y eventos que promuevan la comprensión y el respeto hacia la diversidad sexual.

- Involucramiento Comunitario
  - **Eventos Comunitarios:** Organizar eventos comunitarios que celebren la diversidad sexual y promuevan la inclusión, como marchas del orgullo, festivales culturales y días de concienciación.
  - **Voluntariado:** Fomentar el voluntariado y la participación de la comunidad en iniciativas de apoyo a las personas LGBTQ+. El voluntariado puede incluir roles en organizaciones de apoyo, participación en eventos y campañas, y la creación de redes de apoyo.
  - **Promoción de Líderes Locales:** Identificar y apoyar a líderes locales que puedan servir como modelos a seguir y defensores de la diversidad sexual en sus comunidades. Estos líderes pueden jugar un papel clave en la promoción del respeto y la inclusión a nivel local.

La incorporación de la diversidad sexual en la educación formal y la participación de la sociedad civil son elementos esenciales para desmitificar estereotipos y prejuicios, y para promover una cultura de respeto y tolerancia.

Mediante la educación inclusiva y la colaboración entre diversas organizaciones, podemos avanzar hacia una sociedad más justa y equitativa, donde todas las personas puedan vivir con dignidad y respeto, independientemente de su orientación sexual o identidad de género.

7.7. Implicaciones de la libertad sexual en la salud mental

La represión y la discriminación en el ámbito de la sexualidad pueden tener consecuencias negativas en la salud mental de los individuos. La falta de aceptación de la propia identidad, la presión social y el estigma asociado a determinadas orientaciones o prácticas sexuales pueden generar ansiedad, depresión y, en casos extremos, comportamientos autodestructivos. Por otro lado, la promoción de la libertad sexual y la aceptación de la diversidad contribuyen al bienestar psicológico y emocional de las personas, permitiéndoles expresarse y vivir de acuerdo con sus deseos y necesidades.

7.7.1. Estudios e Investigaciones

7.7.1.1. Estudio Nacional de Salud Mental de la Comunidad LGBTQ+ (2022)

Este estudio encontró que las personas LGBTQ+ que viven en comunidades con altos niveles de aceptación reportaron significativamente menos síntomas de depresión y ansiedad en comparación con aquellas en comunidades menos aceptantes. Los investigadores analizaron datos de más de 5,000 individuos LGBTQ+ en diferentes regiones, evaluando el impacto del entorno social en su salud mental. Los resultados mostraron que el apoyo comunitario y la aceptación pública tienen un papel crucial en la mitigación de los efectos negativos de la discriminación y el estigma.

- **Principales Hallazgos:**
  - ⇨ Reducción del 30% en los síntomas de depresión en comunidades altamente aceptantes.
  - ⇨ Reducción del 25% en los síntomas de ansiedad.
  - ⇨ Mejores índices de bienestar general y satisfacción con la vida (Care MX) (Share-Net Colombia).
  - ⇨ https://share-net-colombia.org/news/salud-mental-en-la-poblacion-lgbtiq-una-mirada-desde-america-latina/
  - ⇨ https://www.care-mx.org/blog/salud-mental-y-la-comunidad-lgbt

7.7.1.2. Investigación sobre el Impacto de la Legislación Inclusiva (2020)

Un estudio publicado en Psychological Science en 2020 mostró que la implementación de leyes de matrimonio igualitario en los Estados Unidos se asoció con una reducción en las tasas de suicidio entre los jóvenes LGBTQ+. Los investigadores compararon las tasas de suicidio antes y después de la legalización del matrimonio igualitario en diferentes estados y encontraron una disminución significativa en los intentos de suicidio entre los jóvenes LGBTQ+.

- **Principales Hallazgos:**
  - Reducción del 14% en las tasas de intento de suicidio entre jóvenes LGBTQ+ en los estados que implementaron leyes de matrimonio igualitario.
  - Mayor sentimiento de seguridad y validación entre las personas LGBTQ+.
  - Impacto positivo en la percepción pública de las relaciones LGBTQ+ (Care MX).

7.7.1.3. Metaanálisis sobre Intervenciones Psicológicas (2021)

Un metaanálisis de 2021 publicado en The American Journal of Psychiatry concluyó que las intervenciones psicológicas diseñadas específicamente para personas LGBTQ+ son efectivas para reducir la ansiedad y la depresión, subrayando la importancia de tratamientos adaptados culturalmente. Este meta-análisis incluyó más de 40 estudios diferentes y evaluó una variedad de intervenciones, desde terapias cognitivas conductuales hasta programas de apoyo comunitario.

- **Principales Hallazgos:**
  - Reducción promedio del 20% en los síntomas de ansiedad.
  - Reducción promedio del 18% en los síntomas de depresión.
  - Mejora significativa en la autoaceptación y la resiliencia (INSPIRA). https://www.inspirapr.com/post/salud-mental-comunidad-lgbtq

La libertad sexual y la aceptación de la diversidad sexual tienen implicaciones significativas para la salud mental. La represión y la discriminación pueden conducir a graves problemas de salud mental, mientras que la aceptación y la promoción de la libertad sexual contribuyen al bienestar psicológico y emocional.

Las investigaciones recientes refuerzan la necesidad de crear entornos más inclusivos y de proporcionar apoyo adecuado a las personas LGBTQ+ para mejorar su salud mental y su calidad de vida.

7.7.2. Consecuencias de la represión y la discriminación

La falta de libertad sexual y la discriminación pueden generar consecuencias negativas en la salud mental de los individuos. La represión de los deseos, la negación de la propia identidad y el miedo al rechazo pueden generar ansiedad, depresión y baja autoestima.

Es importante reconocer y abordar estos problemas mediante la promoción de la aceptación, el apoyo emocional y el acceso a servicios de salud mental adecuados.

- Ansiedad, depresión y baja autoestima

  La falta de libertad sexual y la discriminación pueden generar problemas de salud mental como ansiedad, depresión y baja autoestima en los individuos afectados. El temor al rechazo social, la represión de los deseos y la negación de la propia identidad pueden crear un ambiente de estrés emocional y psicológico que afecta el bienestar y la calidad de vida.

- Comportamientos autodestructivos y suicidio

  En casos extremos, la represión y la discriminación pueden llevar a comportamientos autodestructivos y suicidio. Las personas que enfrentan discriminación y violencia de género tienen un mayor riesgo de desarrollar trastornos de salud mental y presentar ideación suicida. Es fundamental reconocer estos riesgos y brindar apoyo emocional, así como acceso a servicios de salud mental adecuados, para prevenir y abordar estos problemas.

7.8. Intervenciones Terapéuticas Efectivas para el Tratamiento de Problemas de Salud Mental Relacionados con la Represión Sexual y la Discriminación

7.8.1. Terapia Cognitivo-Conductual (TCC)

- **Descripción:** La Terapia Cognitivo-Conductual es una forma de tratamiento psicoterapéutico que ayuda a los individuos a identificar y cambiar patrones de pensamiento negativos y comportamientos destructivos.

- **Efectividad:** Numerosos estudios han demostrado la efectividad de la TCC para tratar la ansiedad, la depresión y el estrés postraumático en personas LGBTQ+ que han experimentado represión sexual y discriminación. La TCC puede ayudar a las personas a reestructurar pensamientos negativos y desarrollar habilidades de afrontamiento.

- **Referencia:** Beck, A. T. (2011). Cognitive Behavior Therapy: Basics and Beyond. Guilford Press.

7.8.2. Terapia Afirmativa LGBTQ+

- **Descripción:** La Terapia Afirmativa LGBTQ+ es un enfoque terapéutico que valida y apoya la identidad de género y la orientación sexual del individuo. Se centra en fortalecer la autoaceptación y reducir el impacto del estrés de minorías.

- **Efectividad:** Esta terapia ha mostrado ser efectiva para mejorar la salud mental y el bienestar de las personas LGBTQ+. Los estudios indican que la terapia afirmativa puede reducir significativamente los síntomas de depresión y ansiedad y mejorar la autoaceptación.

- **Referencia:** Austin, A., & Craig, S. L. (2015). "Empirically supported interventions for sexual and gender minority youth." Journal of Evidence-Informed Social Work, 12(5), 567-578.

7.8.3. Terapia de Aceptación y Compromiso (ACT)

- **Descripción:** La Terapia de Aceptación y Compromiso es una forma de terapia conductual que utiliza estrategias de aceptación y mindfulness junto con el compromiso con el cambio de comportamiento.

- **Efectividad:** ACT ha sido efectiva para tratar el estrés y la ansiedad relacionados con la discriminación y la represión sexual. Ayuda a las personas a aceptar sus pensamientos y sentimientos sin juzgarlos y a comprometerse con acciones que reflejan sus valores personales.

- • Referencia: Hayes, S. C., Strosahl, K. D., & Wilson, K. G. (2016). Acceptance and Commitment Therapy: The Process and Practice of Mindful Change. Guilford Press.

7.8.4. Terapia Familiar

- **Descripción:** La Terapia Familiar se centra en mejorar la comunicación y las relaciones dentro de la familia, abordando los problemas y conflictos familiares que pueden surgir debido a la orientación sexual o identidad de género de un miembro de la familia.

- **Efectividad:** Estudios han mostrado que la terapia familiar puede ser muy efectiva para reducir los síntomas de estrés y depresión en jóvenes

LGBTQ+ al promover la aceptación y el apoyo dentro de la familia.

- **Referencia:** Ryan, C., Russell, S. T., Huebner, D., Diaz, R., & Sanchez, J. (2010). "Family acceptance in adolescence and the health of LGBT young adults." Journal of Child and Adolescent Psychiatric Nursing, 23(4), 205-213.

7.8.5. Grupos de Apoyo

- **Descripción:** Los grupos de apoyo ofrecen un espacio seguro donde las personas LGBTQ+ pueden compartir sus experiencias y recibir apoyo emocional de otros que han pasado por situaciones similares.
- **Efectividad:** La participación en grupos de apoyo ha demostrado mejorar el bienestar emocional y reducir el aislamiento social, la ansiedad y la depresión.
- **Referencia:** Meyer, I. H., & Northridge, M. E. (2007). The Health of Sexual Minorities. Springer.

En definitiva, las intervenciones terapéuticas como la TCC, la Terapia Afirmativa LGBTQ+, ACT, la Terapia Familiar y los Grupos de Apoyo han demostrado ser efectivas en el tratamiento de problemas de salud mental relacionados con la represión sexual y la discriminación. Estas terapias no solo abordan los síntomas de estrés y depresión, sino que también promueven la autoaceptación, el apoyo social y el bienestar emocional en las personas LGBTQ+.

RESUMEN

- La libertad sexual es un concepto que varía significativamente dependiendo de los enfoques culturales, legales y psicológicos. Psicológicamente, la libertad sexual se refiere a la capacidad de una persona para explorar y expresar su sexualidad sin culpa, vergüenza o miedo. Esto incluye la aceptación de la propia orientación e identidad sexual y la capacidad de tomar decisiones informadas y consensuadas sobre la actividad sexual. Desde una perspectiva sociológica, la libertad sexual se examina en el contexto de cómo las normas sociales y las estructuras de poder influyen en la expresión sexual de los individuos. Esto se considera un indicador de igualdad y autonomía dentro de una sociedad, reflejando la aceptación de la diversidad sexual y el rechazo a las normas represivas.

- Desde el punto de vista legal y de derechos humanos, la libertad sexual está estrechamente vinculada al derecho a la privacidad y a la no discriminación. Esto abarca el derecho a tomar decisiones libres sobre la vida sexual sin interferencia del estado o de otros actores y el derecho a la protección contra la violencia sexual y la explotación.

- En culturas occidentales modernas, por ejemplo, la libertad sexual a menudo se interpreta como la libertad de participar en diversas prácticas sexuales con consentimiento, así como la aceptación social de la diversidad sexual y de género. Sin embargo, estas definiciones pueden estar en tensión con las normativas culturales tradicionales o religiosas. En culturas no occidentales, las definiciones de libertad sexual pueden estar más influenciadas por normas religiosas tradicionales y comunitarias, enfocándose más en la protección contra el abuso y la explotación que en la autonomía individual.

- Históricamente, la libertad sexual ha variado enormemente entre diferentes culturas y períodos históricos. Desde las actitudes relativamente abiertas hacia el sexo en el antiguo Egipto y en las culturas de Grecia y Roma antigua, pasando por la fuerte regulación sexual impuesta por la Iglesia Católica durante la Edad Media en Europa, hasta el movimiento de liberación sexual en las décadas de 1960 y 1970, que desafió muchas normas tradicionales sobre el sexo.

- En el siglo XXI, aunque algunos países avanzan hacia una mayor igualdad y protección legal para todas las identidades y orientaciones sexuales, todavía existen grandes discrepancias entre diferentes culturas y regiones del mundo. La lucha por la libertad sexual y los derechos asociados continúa enfrentando resistencias culturales y políticas en muchas partes del mundo.
- Existen diversas teorías psicológicas y sociológicas para entender las interacciones complejas entre el individuo, la sociedad y las normas culturales que definen y restringen la sexualidad. Este marco teórico ayuda a comprender cómo se construye, negocia y vive la libertad sexual en diferentes contextos, permitiendo una comprensión más profunda de las dinámicas psicológicas y sociales que forman la sexualidad humana.

UNIDAD

1.3. Ley para la Igualdad Real y Efectiva de las Personas Trans y para la Garantía de los Derechos de las Personas

Contenido de la Unidad

- Objeto y Ámbito de la Ley
- Definiciones
- Título I. Actuación de los Poderes Públicos
- Título II. Medidas para la Igualdad Real y Efectiva de las Personas Trans
- Titulo III :Protección Efectiva y Reparación Frente a la Discriminación y la Violencia por Lgtbi
- Resumen

1. OBJETO Y ÁMBITO DE LA LEY

1.1. Objeto

La finalidad de esta ley es garantizar y promover la igualdad real y efectiva de las personas LGTBI y sus familias.

Para lograr este objetivo, la ley establece principios de actuación para los poderes públicos,

- Regula los derechos y deberes de las personas físicas y jurídicas, públicas y privadas,
- Establece medidas específicas para prevenir, corregir y eliminar cualquier forma de discriminación en los ámbitos público y privado.
- Fomenta la participación de las personas LGTBI en todos los ámbitos de la vida social y superar los estereotipos negativos que afectan a la percepción social de estas personas.
- Regula el procedimiento y los requisitos para la rectificación registral del sexo y, en su caso, del nombre de las personas, y establece medidas específicas derivadas de dicha rectificación en los ámbitos público y privado.

Con todo ello, esta ley busca promover la igualdad y la no discriminación de las personas LGTBI y mejorar su calidad de vida en todos los ámbitos de la sociedad.

1.2. Ámbito de aplicación

La presente ley se aplicará a todas las personas físicas y jurídicas, tanto públicas como privadas, que se encuentren en el territorio español, independientemente de su nacionalidad, origen étnico o racial, religión, domicilio, residencia, edad, estado civil o situación administrativa. La ley establece los derechos y deberes de todas las personas y entidades presentes en territorio español, con el fin de garantizar la igualdad real y efectiva de las personas LGTBI y sus familias en todos los ámbitos de la sociedad, y prevenir y erradicar toda forma de discriminación, ya sea en el ámbito público o privado.

Con ello, se busca asegurar que todas las personas, independientemente de su situación o condición, tengan acceso a una vida libre de discriminación y puedan disfrutar plenamente de sus derechos y libertades fundamentales.

2. Definiciones

La Ley define una serie de términos:

- **Discriminación directa:** Situación en que se encuentra una persona o grupo en que se integra que sea, haya sido o pudiera ser tratada de manera menos favorable que otras en situación análoga o comparable por razón de orientación e identidad sexuales, expresión de género o características sexuales.

  Se considerará discriminación directa la denegación de ajustes razonables a las personas con discapacidad. A tal efecto, se entiende por ajustes razonables las modificaciones y adaptaciones necesarias y adecuadas del ambiente físico, social y actitudinal que no impongan una carga desproporcionada o indebida, cuando se requieran en un caso particular de manera eficaz y práctica, para facilitar la accesibilidad y la participación y garantizar a las personas con discapacidad el goce o ejercicio, en igualdad de condiciones con las demás, de todos los derechos.

- **Discriminación indirecta:** Se produce cuando una disposición, criterio o práctica aparentemente neutros ocasiona o puede ocasionar a una o varias personas una desventaja particular con respecto a otras por razón de orientación sexual, e identidad sexual, expresión de género o características sexuales.

- **Discriminación múltiple e interseccional:** Se produce discriminación múltiple cuando una persona es discriminada, de manera simultánea o consecutiva, por dos o más causas de las previstas en esta ley, y/o por otra causa o causas de discriminación previstas en la Ley 15/2022, de 12 de julio, integral para la igualdad de trato y la no discriminación.

  Se produce discriminación interseccional cuando concurren o interactúan diversas causas comprendidas en el apartado anterior, generando una forma específica de discriminación.

- Acoso discriminatorio: Cualquier conducta realizada por razón de alguna de las causas de discriminación previstas en esta ley, con el objetivo o la consecuencia de atentar contra la dignidad de una persona o grupo en que se integra y de crear un entorno intimidatorio, hostil, degradante, humillante u ofensivo.

- **Discriminación por asociación y discriminación por error:** Existe discriminación por asociación cuando una persona o grupo en que se integra, debido a su relación con otra sobre la que concurra alguna de las causas de discriminación por razón de orientación e identidad sexual, expresión de género o características sexuales, es objeto de un trato discriminatorio. La discriminación por error es aquella que se funda en una apreciación incorrecta acerca de las características de la persona o personas discriminadas.

- **Medidas de acción positiva:** Diferencias de trato orientadas a prevenir, eliminar y, en su caso, compensar cualquier forma de discriminación o desventaja en su dimensión colectiva o social. Tales medidas serán aplicables en tanto subsistan las situaciones de discriminación o las desventajas que las justifican y habrán de ser razonables y proporcionadas en relación con los medios para su desarrollo y los objetivos que persigan.

- **Intersexualidad:** La condición de aquellas personas nacidas con unas características biológicas, anatómicas o fisiológicas, una anatomía sexual, unos órganos reproductivos o un patrón cromosómico que no se corresponden con las nociones socialmente establecidas de los cuerpos masculinos o femeninos.

- **Orientación sexual:** Atracción física, sexual o afectiva hacia una persona.La orientación sexual puede ser heterosexual, cuando se siente atracción física, sexual o afectiva únicamente hacia personas de distinto sexo; homosexual, cuando se siente atracción física, sexual o afectiva únicamente hacia personas del mismo sexo; bisexual, cuando se siente atracción física, sexual o afectiva hacia personas de diferentes sexos, no necesariamente al mismo tiempo, de la misma manera, en el mismo grado ni con la misma intensidad. Las personas homosexuales pueden ser gais, si son hombres, o lesbianas, si son mujeres.

- **Identidad sexual:** Vivencia interna e individual del sexo tal y como cada persona la siente y autodefine, pudiendo o no corresponder con el sexo asignado al nacer.

- **Expresión de género:** Manifestación que cada persona hace de su identidad sexual.

- **Persona trans:** Persona cuya identidad sexual no se corresponde con el sexo asignado al nacer.

- **Familia LGTBI**: Aquella en la que uno o más de sus integrantes son personas LGTBI, englobándose dentro de ellas las familias homoparentales, es decir, las compuestas por personas lesbianas, gais o bisexuales con descendientes menores de edad que se encuentran de forma estable bajo guardia, tutela o patria potestad, o con descendientes mayores de edad con discapacidad a cargo.

- **LGTBIfobia:** Toda actitud, conducta o discurso de rechazo, repudio, prejuicio, discriminación o intolerancia hacia las personas LGTBI por el hecho de serlo, o ser percibidas como tales.

- **Homofobia:** Toda actitud, conducta o discurso de rechazo, repudio, prejuicio, discriminación o intolerancia hacia las personas homosexuales por el hecho de serlo, o ser percibidas como tales.

- **Bifobia:** Toda actitud, conducta o discurso de rechazo, repudio, prejuicio, discriminación o intolerancia hacia las personas bisexuales por el hecho de serlo, o ser percibidas como tales.

- **Transfobia:** Toda actitud, conducta o discurso de rechazo, repudio, prejuicio, discriminación o intolerancia hacia las personas trans por el hecho de serlo, o ser percibidas como tales.

- **Inducción, orden o instrucción de discriminar:** Es discriminatoria toda inducción, orden o instrucción de discriminar por cualquiera de las causas establecidas en esta ley. La inducción ha de ser concreta, directa y eficaz para hacer surgir en otra persona una actuación discriminatoria.

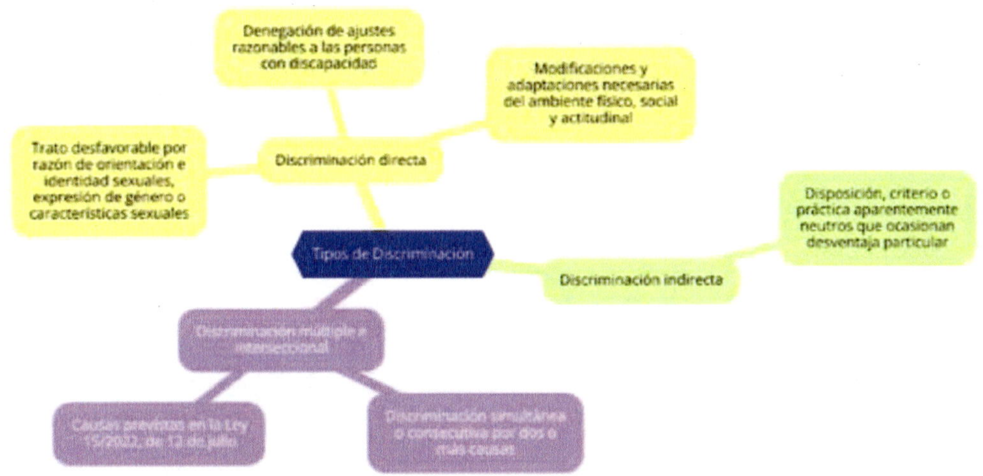

3. Título I. Actuación de los Poderes Públicos

3.1. CAPITULO I. Criterios y líneas generales de actuación de los poderes públicos y Órgano de participación ciudadana.

3.1.1. Protección, reconocimiento y apoyo

En el ámbito de sus competencias, los poderes públicos estarán obligados a desarrollar todas las medidas necesarias para garantizar, proteger y promover la igualdad de trato y la no discriminación por razón de la orientación e identidad sexual, la expresión de género o las características sexuales de las personas LGTBI y sus familias.

Para ello, los poderes públicos adoptarán las medidas necesarias para valorar la diversidad en materia de orientación sexual, identidad sexual, expresión de género y características sexuales, y la diversidad familiar. El objetivo es contribuir a la visibilidad, la igualdad, la no discriminación y la participación de las personas LGTBI en todos los ámbitos de la vida.

Además, los poderes públicos fomentarán el reconocimiento institucional y la participación en los actos conmemorativos de la lucha por la igualdad real y efectiva de las personas LGTBI. Con ello se busca promover la igualdad y el respeto hacia las personas LGTBI y sus familias, así como la valoración de su lucha por la igualdad de derechos y oportunidades.

3.1.2. Divulgación y sensibilización.

En el ámbito de sus competencias, los poderes públicos estarán obligados a promover campañas de sensibilización, divulgación y fomento del respeto a la diversidad en materia de orientación sexual, identidad sexual, expresión de género y características sexuales, así como la diversidad familiar, dirigidas a toda la sociedad.

El objetivo de estas campañas es fomentar el respeto y la valoración de la diversidad sexual y de género en la sociedad, y promover la igualdad y la no discriminación de las personas LGTBI y sus familias. Estas campañas estarán dirigidas especialmente a aquellos ámbitos donde la discriminación afecte a sectores de población más vulnerables, con el fin de garantizar una igualdad real y efectiva para todas las personas.

Con estas medidas se busca construir una sociedad más inclusiva y tolerante, donde se valore la diversidad sexual y de género como una riqueza cultural y social. Al mismo tiempo, se busca prevenir y erradicar cualquier forma de discriminación hacia las personas LGTBI y sus familias, promoviendo su plena participación en todos los ámbitos de la vida social.

3.1.3. Estadísticas y estudios.

En el ámbito de sus competencias, los poderes públicos estarán obligados a impulsar la realización de estudios y encuestas sobre la situación de las personas LGTBI, con el fin de profundizar en la naturaleza y el alcance de las principales situaciones de discriminación que les afectan y registrar su evolución a lo largo del tiempo.

Además, los poderes públicos, en el ámbito de sus competencias, deberán incluir en la elaboración de sus estudios, memorias o estadísticas, los indicadores y procedimientos que permitan conocer las causas, extensión, evolución, naturaleza y efectos de la discriminación hacia las personas LGTBI, siempre que sea posible. Estos datos se desglosarán en función de las causas discriminatorias previstas en la ley.

Es importante destacar que los responsables del tratamiento de los datos personales de las actividades contempladas en este artículo deberán cumplir diligentemente las obligaciones que imponen el Reglamento (UE) 2016/679 del Parlamento Europeo y del Consejo, de 27 de abril de 2016, la Ley Orgánica 3/2018, de 5 de diciembre, de Protección de Datos Personales y garantía de los derechos digitales, así como, en su caso, la Ley Orgánica 7/2021, de 26 de mayo, de protección de datos personales tratados para fines de prevención, detección, investigación y enjuiciamiento de infracciones penales y de ejecución de sanciones penales.

En particular, los responsables del tratamiento de los datos personales deberán garantizar la seguridad y confidencialidad de los datos de carácter personal y, cuando proceda, anonimizar o seudonimizar los datos recabados. De esta manera, se protege la privacidad de las personas LGTBI y se garantiza que los datos recopilados se utilicen únicamente para los fines previstos por la ley, sin ser objeto de discriminación o cualquier otro uso indebido.

3.1.4. Colaboración entre Administraciones públicas.

Las administraciones públicas a nivel estatal, autonómico y local trabajarán juntas para integrar, en el ejercicio de sus respectivas competencias, la igualdad de trato y la no discriminación por razones previstas en esta ley, y en especial, en sus instrumentos de planificación.

Para ello, se establecerán planes y programas conjuntos de actuación con esta finalidad en el seno de la Conferencia Sectorial de Igualdad. La colaboración entre las diferentes administraciones públicas permitirá garantizar la igualdad de oportunidades y la no discriminación en todas las políticas públicas y en todos los ámbitos de la sociedad.

Con estos planes y programas se busca promover la igualdad real y efectiva de las personas LGTBI y sus familias, y prevenir y erradicar cualquier forma de discriminación basada en la orientación sexual, identidad sexual, expresión de género o características sexuales. Asimismo, se busca sensibilizar a la sociedad en su conjunto y contribuir a la construcción de una sociedad más justa e inclusiva.

3.1.5. Consejo de Participación de las Personas LGTBI.

El Consejo de Participación de las Personas LGTBI es el órgano de participación ciudadana en materia de derechos y libertades de las personas LGTBI, y tiene por finalidad institucionalizar la colaboración y fortalecer el diálogo permanente entre las Administraciones públicas y la sociedad civil en materias relacionadas con la igualdad de trato, la no discriminación por razón de orientación sexual, identidad sexual, expresión de género y características sexuales; y de reforzar la participación en todos los ámbitos de la sociedad de las personas LGTBI y sus familias.

El Consejo de Participación de las Personas LGTBI se constituye como órgano colegiado de los previstos en el artículo 22.3 de la Ley 40/2015, de 1 de octubre, de Régimen Jurídico del Sector Público. El Consejo dependerá del Ministerio de Igualdad a través de la Secretaría de Estado de Igualdad y contra la Violencia de Género.

El Consejo presentará una memoria con carácter semestral, detallando su actividad, reuniones y actuaciones conforme a la Ley 19/2013, de 9 de diciembre, de transparencia, acceso a la información pública y buen gobierno. La presidenta del Consejo remitirá esta memoria a las Cortes Generales para su examen por parte de las Comisiones de Igualdad del Congreso de los Diputados y del Senado.

3.2. Capítulo II. Políticas públicas para promover la igualdad efectiva de las personas LGTBI.

3.2.1. Estrategia estatal para la igualdad de trato y no discriminación de las personas LGTBI.

La Estrategia estatal para la igualdad de trato y no discriminación de las personas LGTBI es un instrumento importante para impulsar y desarrollar las políticas básicas y objetivos generales establecidos en esta ley.

El Ministerio de Igualdad será responsable de su elaboración, y se asegurará la participación de los departamentos ministeriales, las comunidades autónomas, las Ciudades de Ceuta y Melilla y las organizaciones representativas de los intereses sociales afectados. La Estrategia se aprobará mediante acuerdo del Consejo de Ministros, previo informe favorable de la Conferencia Sectorial de Igualdad.

La Estrategia tendrá una duración de cuatro años y se evaluará al finalizar su periodo o si surgen circunstancias que requieran su modificación. Las administraciones públicas que desarrollen acciones en el marco de la Estrategia remitirán información sobre su ejecución al Ministerio de Igualdad, que la incluirá en el informe anual a presentar a la Conferencia Sectorial de Igualdad. Este informe podrá incluir recomendaciones para asegurar una ejecución óptima de la Estrategia.

La Estrategia estatal para la igualdad de trato y no discriminación de las personas LGTBI se enfocará en:

- Desarrollar principios de actuación en materia de no discriminación por las causas previstas en esta ley.
- Implementar medidas para prevenir, eliminar y corregir toda forma de discriminación de las personas LGTBI, en especial de la infancia y juventud.
- Informar, sensibilizar y formar en igualdad de trato y no discriminación de las personas LGTBI, con especial atención a la violencia LGTBIfóbica y a la violencia entre parejas del mismo sexo.
- Prestar atención a las discriminaciones múltiples e interseccionales. El

Ministerio de Igualdad coordinará con los departamentos ministeriales y las comunidades autónomas los planes en el marco de esta Estrategia. Además, velará por su coordinación con la Estrategia Estatal para la Igualdad de Trato y la No Discriminación regulada por la Ley 15/2022.

Estrategia estatal para la igualdad de trato y no discriminación de las personas LGTBI

- Desarrollar principios de actuación en materia de no discriminación por las causas previstas en esta ley.
- Implementar medidas para prevenir, eliminar y corregir toda forma de discriminación de las personas LGTBI, en especial de la infancia y juventud.
- Informar, sensibilizar y formar en igualdad de trato y no discriminación de las personas LGTBI, con especial atención a la violencia LGTBIfóbica y a la violencia entre parejas del mismo sexo.
- Prestar atención a las discriminaciones múltiples e interseccionales. El Ministerio de Igualdad coordinará con los departamentos ministeriales y las comunidades autónomas los planes en el marco de esta Estrategia. Además, velará por su coordinación con la Estrategia Estatal para la Igualdad de Trato y la No Discriminación regulada por la Ley 15/2022.

3.2.2. Medidas en el ámbito administrativo.

Empleo público, Formación del personal al servicio de las Administraciones públicas y Documentación administrativa.

Las Administraciones públicas asegurarán que todo el personal a su servicio tenga igualdad de trato y no discriminación por razón de orientación sexual, identidad sexual, expresión de género o características sexuales en el acceso al empleo público y promoción profesional. Se establecerán medidas para lograrlo, previa negociación con las organizaciones sindicales y cumpliendo la normativa vigente.

Las Administraciones públicas, en el ámbito de sus competencias, capacitarán al personal que presta servicios en áreas como la salud, la educación, la justicia y la seguridad, entre otros, mediante la impartición de formación inicial y continuada sobre diversidad en materia de orientación sexual, identidad sexual, expresión de género y características sexuales, diversidad familiar, igualdad y no discriminación de las personas LGTBI.

Asimismo, incluirán en los programas de las pruebas selectivas de acceso al empleo público formación y conocimientos sobre igualdad de trato y no discriminación de las personas LGTBI.

3.2.3. Medidas en el ámbito laboral.

Igualdad de trato y de oportunidades de las personas LGTBI en el ámbito laboral.

En el ámbito laboral, las Administraciones públicas deberán tomar en cuenta el derecho de las personas a no ser discriminadas por las causas previstas en la ley, adoptando medidas adecuadas y eficaces para promover y garantizar la igualdad de trato y de oportunidades. Entre estas medidas se incluyen:

- la prevención, corrección y eliminación de toda forma de discriminación en el acceso al empleo, promoción profesional y participación en organizaciones empresariales y sindicales;
- la promoción del respeto a los derechos de igualdad y no discriminación en la formación profesional;
- la realización de campañas divulgativas sobre igualdad de trato y no discriminación;
- la promoción de indicadores de igualdad y la creación de un distintivo para reconocer a las empresas que aplican políticas de igualdad y no discriminación;
- la inclusión de cláusulas de promoción de la diversidad y prevención de discriminación en los convenios colectivos; la garantía del cumplimiento efectivo de los derechos a la igualdad de trato y no discriminación a través de la Inspección de Trabajo y Seguridad Social y otros órganos competentes;
- la promoción de medidas de igualdad en las convocatorias de subvenciones de fomento del empleo;
- la elaboración de códigos éticos y protocolos que contemplen medidas de protección frente a toda discriminación.

Las empresas con más de cincuenta personas trabajadoras deberán implementar en un plazo de doce meses un conjunto de medidas y recursos planificados para asegurar la igualdad real y efectiva de las personas LGTBI en el ámbito laboral, incluyendo un protocolo para prevenir y tratar el acoso y la violencia contra estas personas. Estas medidas serán acordadas mediante negociación colectiva con la representación legal de los trabajadores y serán desarrolladas reglamentariamente. Además, a través del Consejo de Participación de las personas LGTBI, se recopilarán y difundirán buenas prácticas empresariales en materia de inclusión y promoción de la igualdad y no discriminación de las personas LGTBI.

3.2.4. Medidas en el ámbito de la salud.

Las Administraciones públicas, en el ámbito de sus competencias, tendrán como objetivo la protección y promoción de la salud de las personas LGTBI. Para lograrlo, llevarán a cabo diversas actuaciones, como incorporar las necesidades particulares de las personas LGTBI en todas las estrategias, planes, programas y actuaciones relacionadas con las políticas sanitarias, promover la participación de las personas LGTBI en estas políticas a través de sus organizaciones representativas, y adaptar los sistemas de información sanitaria y vigilancia de enfermedades para el estudio e investigación de las necesidades sanitarias específicas de estas personas, respetando su intimidad y confidencialidad.

Además, se orientará la formación del personal y profesionales de la sanidad para que tengan conocimiento y respeto de la orientación sexual, identidad sexual, expresión de género y características sexuales, y se aprobarán protocolos para detectar y comunicar a las autoridades competentes situaciones de violencia discriminatoria ejercida contra una persona por estas causas.

Por otro lado, se garantizará el acceso a las técnicas de reproducción humana asistida a mujeres lesbianas, mujeres bisexuales y mujeres sin pareja en igualdad de condiciones que el resto de las mujeres, así como a las personas trans con capacidad de gestar, sin discriminación por motivos de identidad sexual.

3.2.5. Medidas en el ámbito de la educación.

La ley establece diversas medidas en el ámbito educativo para promover la igualdad de trato y no discriminación por motivos de orientación sexual, identidad sexual, expresión de género y características sexuales:

- El Gobierno incluirá en el currículo de las distintas etapas educativas el conocimiento y respeto de la diversidad sexual, de género y familiar de las personas LGTBI.
- Se incluirán contenidos relativos a esta diversidad en los procesos selectivos de ingreso y acceso a los cuerpos docentes y en los proyectos de dirección de los centros públicos.
- Las administraciones educativas competentes y las universidades también promoverán la inclusión de contenidos dirigidos a la capacitación necesaria para abordar la diversidad sexual, de género y familiar en los planes de estudio de los títulos universitarios y de formación profesional.
- Se impulsará la formación, docencia e investigación en diversidad sexual, de género y familiar, y se promoverán grupos de investigación especializados en la realidad del colectivo LGTBI y en las necesidades específicas de las personas con VIH.

Estas medidas tienen como objetivo garantizar una educación inclusiva y respetuosa de la diversidad sexual y de género.

Gobierno y las Administraciones educativas deben colaborar con los centros educativos para:

- Fomentar el respeto a la diversidad sexual, de género y familiar de las personas LGTBI.
- Promover la inclusión de protocolos de prevención del acoso escolar y ciberacoso por LGTBIfobia en los proyectos educativos y normas de organización y convivencia de los centros.
- Impulsar la adopción de planes de coeducación y diversidad que incluyan la formación del profesorado en la atención a la diversidad sexual, de género y familiar de las personas LGTBI.

En cuanto a la formación del profesorado, es fundamental que se capacite en materia de diversidad sexual, de género y familiar de las personas LGTBI, para fomentar el respeto a los derechos y libertades fundamentales y la igualdad de trato y no discriminación de las personas LGTBI.

Debe incluir también la detección precoz de indicadores de maltrato en el ámbito familiar por motivos de orientación sexual, identidad sexual, expresión de género y características sexuales, así como el conocimiento del acoso escolar y ciberacoso por motivos LGTBI y el funcionamiento de los protocolos de actuación en casos de violencia.

Las Administraciones educativas deben:

- Fomentar el respeto a la diversidad sexual, de género y familiar en los materiales escolares, introduciendo referentes positivos LGTBI de manera natural, respetuosa y transversal en todos los niveles de estudios y en las materias correspondientes.
- Promover programas de información para el alumnado, sus familias y el personal de centros educativos con el objetivo de divulgar las distintas realidades sexo-afectivas y familiares y combatir la discriminación por las causas previstas en esta ley, con especial atención a la realidad de las personas trans e intersexuales.

Es recomendable realizar estos programas en colaboración con las organizaciones representativas de los intereses de las personas LGTBI y la Comunidad Educativa.

3.2.6. Medidas en el ámbito de la cultura, el ocio y el deporte.

Las Administraciones públicas, en el ámbito de sus competencias, deberán tomar medidas para garantizar la igualdad de trato y no discriminación de las personas LGTBI en el ámbito de la cultura y el ocio.

También deben visibilizar y tratar con respeto la diversidad en materia de orientación sexual, identidad sexual, expresión de género y características sexuales y diversidad familiar de las personas LGTBI en estos ámbitos.

Se fomentará el conocimiento y la correcta aplicación del derecho de admisión para que no haya restricciones por motivos de orientación sexual, identidad sexual, expresión de género o características sexuales.

Además, se impulsará la existencia de fondos documentales de temática LGTBI que promuevan la igualdad y el respeto a la diversidad en materia de orientación sexual, identidad sexual, expresión de género, características sexuales y diversidad familiar.

Las Administraciones públicas, en el ámbito de sus competencias, tomarán medidas para erradicar la homofobia, la bifobia y la transfobia en el deporte y fomentar el pleno respeto al principio de igualdad de trato y no discriminación por orientación sexual, identidad sexual, expresión de género y características sexuales.

Para ello, se promoverá el respeto a la diversidad en las normas deportivas, se fomentará la adopción de compromisos de respeto y condena a los actos de LGTBIfobia por parte de clubes y federaciones deportivas, se prevendrán y erradicarán los actos de LGTBIfobia en eventos deportivos, se adoptarán planes de actuación y campañas de sensibilización, y se proporcionará formación adecuada a todas las personas involucradas en la actividad física y el deporte.

El Consejo Superior de Deportes promoverá los valores de inclusión y respeto a la diversidad en el deporte en el ejercicio de sus competencias.

Se aplicarán las normas específicas de lucha contra el dopaje y otras normas que eviten ventajas competitivas contrarias al principio de igualdad en el deporte federado.

3.2.7. Medidas en el ámbito de los medios de comunicación social e internet.

Todos los medios de comunicación social respetarán el derecho a la igualdad de trato de las personas LGTBI, evitando toda forma de discriminación por razón de orientación sexual, identidad sexual, expresión de género y características sexuales en el tratamiento de la información, en sus contenidos y en su programación.

Los poderes públicos, en el ámbito de sus competencias, fomentarán, en los medios de comunicación de titularidad pública y en los que perciban subvenciones públicas, la sensibilización y el respeto a la diversidad en materia de orientación sexual, identidad sexual, expresión de género y características sexuales, y adoptarán las medidas oportunas para la eliminación de los contenidos que puedan incitar al odio, la discriminación o la violencia contra las personas LGTBI o sus familiares.

Las Administraciones públicas, en el ámbito de sus competencias, promoverán la adopción de acuerdos de autorregulación de los medios de comunicación social para contribuir a la concienciación, divulgación y transmisión del respeto a la orientación sexual, la identidad sexual, la expresión de género, las características sexuales y la diversidad familiar de las personas LGTBI.

Las Administraciones públicas tienen la responsabilidad de tomar medidas para prevenir y combatir el ciberacoso por motivos de orientación sexual, identidad sexual, expresión de género y características sexuales. Se debe prestar especial atención a los jóvenes y menores LGTBI que puedan ser víctimas de ciberacoso en las redes sociales.

Los servicios públicos de protección y ciberseguridad deben desarrollar campañas de sensibilización sobre ciberseguridad y protocolos especiales para atender casos de ciberacoso en menores y jóvenes LGTBI. Es importante concienciar a la ciudadanía sobre la prevención del ciberacoso y sus consecuencias legales.

3.2.8. Medidas en el ámbito de la familia, la infancia y la juventud.

El gobierno promoverá políticas activas para garantizar la igualdad de derechos y apoyo a las personas LGTBI en todos los ámbitos. Se prestará especial atención a los menores de edad que viven en familias LGTBI, protegiéndolos contra la discriminación y promoviendo su desarrollo integral. Las administraciones públicas competentes en la protección de menores garantizarán la no discriminación por orientación sexual, identidad sexual, expresión de género y características sexuales en los procesos de adopción y acogimiento.

Se promoverán actuaciones encaminadas a lograr la integración familiar y social de los menores de edad y jóvenes LGTBI, asegurando que reciban la protección y atención necesarias para su bienestar.

Las Administraciones públicas, en el ámbito de sus competencias, llevarán a cabo medidas para promover la igualdad y el respeto hacia la orientación sexual, identidad sexual, expresión de género, características sexuales y diversidad familiar de las personas LGTBI.

Se implementarán programas de formación y sensibilización dirigidos a jóvenes y a personas que trabajen con ellos, así como acciones de información y asesoramiento para jóvenes LGTBI y sus familias. Además, el Instituto de la Juventud, O.A., promoverá la igualdad y la inclusión de personas jóvenes LGTBI a través del asociacionismo juvenil y la formación en diversidad para personas mediadoras y formadoras juveniles.

En relación con la adopción y acogimiento familiar, se garantizará la no discriminación por razones de orientación sexual, identidad sexual, expresión de género y características sexuales en los procesos de valoración de idoneidad, y se trabajará la diversidad familiar en los centros de menores.

3.2.9. Medidas en el ámbito de la acción exterior y la protección internacional.

El Gobierno de España defenderá la igualdad de trato y luchará contra la discriminación y la violencia hacia las personas LGTBI en foros internacionales.

- Impulsará acciones y proyectos para proteger los derechos de las personas LGTBI en países donde estos derechos son negados o limitados.
- Las oficinas consulares en el extranjero proporcionarán ayuda y asistencia a las personas LGTBI españolas y prestarán especial atención a casos de

discriminación o vulnerabilidad.

- Las oficinas consulares podrán celebrar matrimonios entre personas del mismo sexo, siempre que se cumplan los requisitos y las leyes del país donde se celebre.
- La Administración velará por los derechos y seguridad de las familias del personal LGTBI en el Servicio Exterior y trabajará para evitar la discriminación hacia cónyuges o parejas del mismo sexo en tratados internacionales.
- Garantizará que ninguna persona que trabaje en el extranjero en nombre de la Administración sufra discriminación LGTBIfóbica.

El personal de las Administraciones públicas que participe en el proceso de solicitudes de protección internacional recibirá formación adecuada para tratar de forma no discriminatoria las solicitudes de personas LGTBI y sus familiares.

- Se aplicarán garantías procedimentales y las entrevistas serán realizadas por personal cualificado y con formación suficiente.
- No se utilizarán medios que vulneren los derechos fundamentales de la persona solicitante para probar su orientación o identidad sexual.
- Se establecerán mecanismos para identificar vulnerabilidades y necesidades específicas, denunciar y actuar ante cualquier incidente de discriminación o acoso. Se adoptarán medidas para garantizar un entorno seguro para las personas LGTBI.
- Se aplicará el principio de unidad familiar sin discriminación en el procedimiento y en la acogida.
- El Ministerio del Interior publicará anualmente el número de personas LGTBI que han sido reconocidas como refugiadas en España.

3.2.10. Medidas en el medio rural.

Las Administraciones públicas deben asegurar la igualdad de trato y acceso a recursos y servicios para las personas LGTBI en zonas rurales, así como garantizar la participación de organizaciones defensoras de sus intereses.

- Deben considerar las situaciones de discriminación múltiple que puedan sufrir estas personas, especialmente mujeres y personas con discapacidad.
- La Conferencia Sectorial de Igualdad promoverá medidas para adaptar la ley al medio rural, así como para prevenir la violencia y la discriminación por LGTBIfobia.
- Se creará una Red de Municipios por la Igualdad y la Diversidad en colaboración con la Federación Española de Municipios y Provincias.

3.2.11. Medidas en el ámbito del turismo.

Las Administraciones públicas deben promover el turismo diverso e inclusivo que incluya a las personas LGTBI como agentes o sujetos de la actividad turística, especialmente en zonas rurales. También deben adoptar medidas para apoyar el turismo LGTBI y planificar y promover este tipo de turismo en sus programas y proyectos.

4. Título II. Medidas para la Igualdad Real y Efectiva de las Personas Trans

4.1. CAPITULO I: Rectificación registral de la mención

relativa al sexo de las personas y adecuación documental

4.1.1. Legitimación.

El artículo 43 establece quiénes están legitimados para solicitar la rectificación de la mención registral del sexo ante el Registro Civil.

- En primer lugar, todas las personas mayores de dieciséis años y de nacionalidad española tienen el derecho de solicitar por sí mismas la rectificación de su mención registral relativa al sexo.
- En segundo lugar, las personas menores de dieciséis años y mayores de catorce pueden presentar la solicitud por sí mismas, pero deben contar con la asistencia de sus representantes legales en el proceso. Si las personas progenitoras o representantes legales no están de acuerdo con la solicitud, se designará un defensor judicial para resolver la situación.
- En tercer lugar, las personas con discapacidad pueden solicitar la rectificación registral del sexo con las medidas de apoyo que necesiten.
- Por último, las personas menores de catorce años y mayores de doce pueden solicitar autorización judicial para modificar su mención registral del sexo en los términos establecidos en la Ley 15/2015, de Jurisdicción Voluntaria.

En resumen, el procedimiento para la rectificación de la mención registral del sexo se realiza con total respeto a la identidad de género de la persona solicitante y sin que sea necesario presentar informes médicos o realizar cambios físicos previos. Además, se ofrecen medidas de asistencia y protección a lo largo de todo el procedimiento.

4.1.2. Procedimiento para la rectificación registral de la mención relativa al sexo.

El artículo 43 de la Ley de Identidad de Género establece el procedimiento para la rectificación de la mención registral del sexo en el Registro Civil. A continuación, se detallan los puntos principales de dicho procedimiento:

El procedimiento de rectificación de la mención registral del sexo se realizará de acuerdo con lo establecido en la Ley de Identidad de Género y la normativa del Registro Civil para estos procedimientos.

- La persona legitimada para solicitar la rectificación puede presentar la solicitud en cualquier Oficina del Registro Civil.
- La rectificación no puede estar condicionada a la presentación de informes médicos o psicológicos, ni a la realización de procedimientos médicos o quirúrgicos. La persona legitimada puede solicitar la rectificación sin necesidad de haber realizado ningún tipo de cambio en su apariencia o función corporal.
- Después de recibir la solicitud, se citará a la persona legitimada para que comparezca en una entrevista con la persona encargada del Registro Civil. En esa comparecencia, se recogerá la manifestación de disconformidad con el sexo mencionado en su inscripción de nacimiento y la solicitud de rectificación. También se podrá solicitar un cambio de nombre propio en caso de que la persona lo desee. En esta entrevista, se informará a la persona solicitante de las consecuencias jurídicas de la rectificación y de las medidas de asistencia e información disponibles.
- Durante la entrevista, se informará a la persona solicitante de las medidas de protección contra la discriminación y se pondrá en conocimiento la existencia de organizaciones de protección de los derechos en este ámbito a las que puede acudir.
- En el caso de personas menores de dieciocho años y mayores de catorce, se tendrá en cuenta en todo momento el interés superior de la persona menor y se le dará audiencia en los casos del artículo 43.2 de la ley. La información se facilitará de manera clara y accesible para sus necesidades.
- Si la persona legitimada está conforme con la información facilitada, suscribirá la comparecencia inicial reiterando su petición de rectificación registral del sexo mencionado en su inscripción de nacimiento.
- En un plazo máximo de tres meses desde la comparecencia inicial, se citará a la persona legitimada para que comparezca de nuevo y ratifique su solicitud.
- Una vez ratificada la solicitud, la persona encargada del Registro Civil, previa comprobación de la documentación dictará resolución sobre la

rectificación registral solicitada en un plazo máximo de un mes a contar desde la fecha de la segunda comparecencia.

- La resolución es recurrible en los términos previstos en la normativa reguladora del Registro Civil, mediante la interposición de recurso de alzada ante la Dirección General de Seguridad Jurídica y Fe Pública.
- En el caso de personas con discapacidad, se garantizarán los medios y recursos de apoyo necesarios, incluyendo medidas de accesibilidad y diseño universales, para que puedan expresar su voluntad y recibir la información de manera libre.

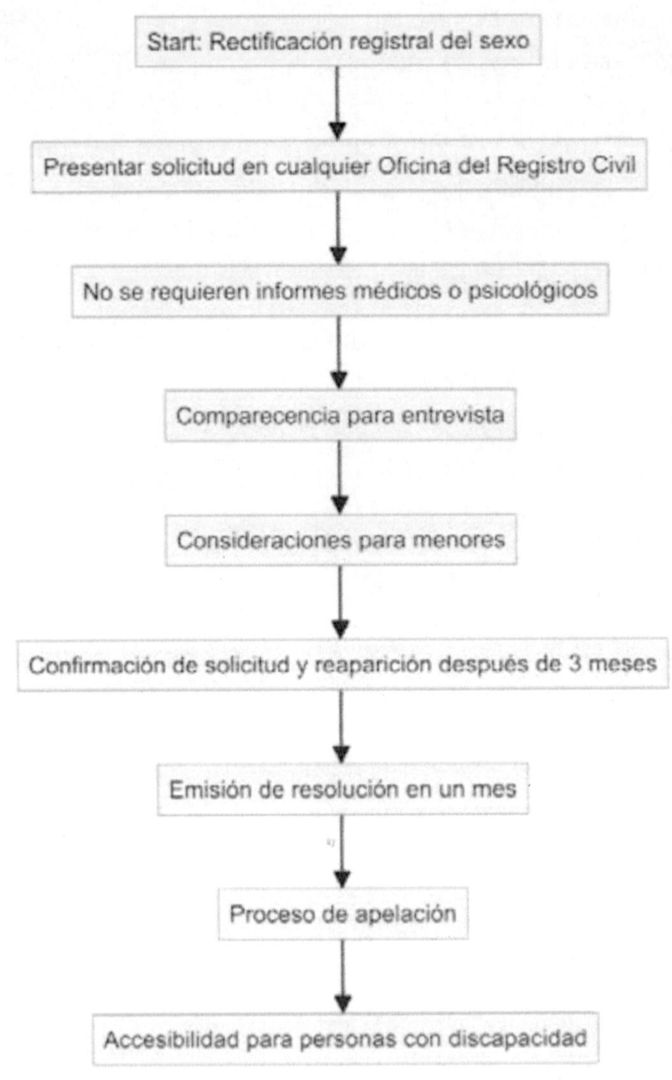

4.1.3. Autoridad competente.

La competencia para la tramitación del procedimiento de rectificación registral de la mención del sexo corresponderá a la persona encargada de la Oficina del Registro Civil en la que se hubiera presentado la solicitud.

4.1.4. Efectos.

El artículo 46 de la Ley de Identidad de Género establece los efectos de la rectificación de la mención registral del sexo:

- La resolución que acuerde la rectificación de la mención registral del sexo tendrá efectos constitutivos a partir de su inscripción en el Registro Civil.
- La rectificación registral permitirá a la persona ejercer todos los derechos inherentes a su nueva condición.
- La rectificación de la mención registral relativa al sexo y el cambio de nombre no afectarán al régimen jurídico que fuera aplicable a la persona antes de la inscripción del cambio registral, para los efectos de la Ley de Medidas de Protección Integral contra la Violencia de Género.
- La persona que rectifique la mención registral del sexo de masculino a femenino podrá ser beneficiaria de medidas de acción positiva específicas en favor de las mujeres, pero solo a partir del momento en que se haga efectivo el cambio registral. No obstante, la persona que rectifique del sexo femenino al masculino conservará los derechos patrimoniales consolidados que se hayan derivado de estas medidas de acción positiva, sin que deban ser devueltos.
- En cuanto a las situaciones jurídicas que se deriven del sexo registral en el momento del nacimiento, la persona conservará los derechos inherentes al mismo según la legislación correspondiente.

4.1.5. Reversibilidad de la rectificación de la mención registral relativa al sexo de las personas.

- Transcurridos seis meses desde la inscripción en el Registro Civil de la rectificación de la mención registral relativa al sexo, las personas que hubieran promovido dicha rectificación podrán recuperar la mención registral del sexo que figuraba previamente a dicha rectificación en el Registro Civil, siguiendo el mismo procedimiento establecido en este Capítulo para la rectificación registral.

- En el caso de que, tras haberse rectificado la modificación inicial, se quisiese proceder a una nueva rectificación, habrá de seguirse el procedimiento establecido en el capítulo I ter del título II de la Ley 15/2015, de 2 de julio, de la Jurisdicción Voluntaria.

4.1.6. Cambio de nombre en el Registro Civil de personas menores de edad.

Las personas trans menores de edad hayan iniciado o no el procedimiento de rectificación de la mención relativa al sexo, tienen derecho a obtener la inscripción registral del cambio de nombre por razones de identidad sexual, cumpliendo con los requisitos establecidos en la Ley 20/2011, de 21 de julio, del Registro Civil.

4.1.7. Adecuación de documentos a la mención registral relativa al sexo.

El Artículo 49 establece que, en los documentos oficiales de identificación, el sexo debe corresponder con el registrado en el Registro Civil. Después de realizar la rectificación o anotación registral, las autoridades expedirán un nuevo documento nacional de identidad y, en caso necesario, un nuevo pasaporte, ajustados a la inscripción registral rectificada.

Se mantendrá el mismo número de documento nacional de identidad. La persona interesada o su representante legal pueden solicitar la reexpedición de cualquier otro documento, título, diploma o certificado ajustado a la nueva inscripción registral.

Las autoridades que expidan dichos documentos deben garantizar la adecuada identificación de la persona a través del número de documento nacional de identidad o la clave registral. Las tasas para estos trámites deben adecuarse al principio de capacidad económica y las administraciones públicas establecerán procedimientos accesibles y ágiles que protejan los datos de carácter personal.

4.1.8. Adecuación de los documentos expedidos a personas extranjeras

El Artículo 50 establece que las personas extranjeras que acrediten la imposibilidad legal o de hecho de llevar a cabo la rectificación registral relativa al sexo y al nombre en su país de origen, pueden solicitar la rectificación de dichos datos en los documentos expedidos en España, siempre y cuando cumplan los requisitos de legitimación previstos en la ley.

La autoridad competente en España solicitará información a la representación exterior española para conocer si existen impedimentos legales o de hecho para realizar la rectificación registral en el país de origen. Las Administraciones públicas, dentro de sus competencias, deben establecer procedimientos para la adecuación de los documentos expedidos a extranjeros en situación administrativa regular en España, que hayan realizado la rectificación registral correspondiente en su país de origen.

4.1.9. Adecuación de documentos al cambio de nombre en el Registro Civil de personas menores de edad y principio de no discriminación.

El artículo 51 establece que las personas menores de edad que hayan obtenido la inscripción registral del cambio de nombre por razones de identidad sexual tienen derecho a que todas las entidades públicas y privadas expidan documentos con su nombre tal como aparece en la rectificación operada en el Registro Civil, sin modificar la mención relativa al sexo en su inscripción de nacimiento. Además, estas entidades y personas estarán obligadas a tratar a la persona menor de edad de acuerdo con el sexo con el que se identifica, sin que pueda haber discriminación alguna por tal motivo. Sin embargo, este cambio de nombre no afectará a los derechos que puedan corresponder a las personas de acuerdo con su sexo registral.

4.2. Capítulo II.: Políticas públicas para promover la igualdad real y efectiva de las personas trans.

4.2.1. Líneas generales de actuación de los poderes públicos para promover la igualdad real y efectiva de las personas trans

- Estrategia estatal para la inclusión social de las personas trans.

La Estrategia estatal para la inclusión social de las personas trans será el principal instrumento para promover, desarrollar y coordinar políticas que aborden las necesidades de las personas trans en el ámbito de la Administración General del Estado. Esta Estrategia se revisará y actualizará cada cuatro años, y el Ministerio de Igualdad será el encargado de su elaboración, seguimiento y evaluación, asegurando la participación de departamentos ministeriales y organizaciones sociales relevantes.

La Estrategia estatal para la inclusión social de las personas trans se centrará prioritariamente en medidas de acción positiva en los ámbitos laboral, educativo, sanitario y de vivienda. Para ello, se realizarán estudios para conocer la situación socioeconómica, de salud y psicosocial de las personas trans, lo que permitirá apoyar las medidas en un diagnóstico claro y contar con un sistema de indicadores para su seguimiento y evaluación.

El Ministerio de Igualdad presentará al Gobierno un informe intermedio sobre la ejecución de la Estrategia dos años después de su aprobación, y un informe final al final de su periodo de vigencia, los cuales se presentarán ante las Cortes Generales.

Las Administraciones públicas, en el ámbito de sus competencias, tomarán medidas para fomentar la participación de las personas trans en el diseño e implementación de políticas que les afecten, a través de organizaciones sociales que defiendan sus derechos. Además, apoyarán a estas organizaciones sociales en su labor de defensa de los derechos de las personas trans.

- Medidas en el ámbito laboral para promover la igualdad real y efectiva de las personas trans

El Ministerio de Trabajo y Economía Social diseñará medidas para mejorar la empleabilidad y fomentar el empleo de las personas trans, con planes específicos que tengan en cuenta las necesidades de las mujeres trans, en línea con la Estrategia estatal para la inclusión social de las personas trans.

Las Administraciones públicas también adoptarán medidas para favorecer la integración sociolaboral de las personas trans, tales como estrategias de concienciación en el ámbito laboral, medidas para organismos públicos y empresas privadas que promuevan la integración laboral, seguimiento de la situación laboral de las personas trans, y subvenciones para fomentar la contratación de personas trans en situación de desempleo.

Además, las personas trans serán expresamente incluidas en los planes de igualdad y no discriminación, prestando especial atención a las necesidades de las mujeres trans.

- Medidas en el ámbito de la salud para promover la igualdad real y efectiva de las personas trans

La sección 3ª de la Ley establece medidas para promover la igualdad real y efectiva de las personas trans en el ámbito de la salud. Se garantizará la atención sanitaria a las personas trans sin patologización, con autonomía, decisión y consentimiento informados, sin discriminación, con asistencia integral, calidad, especialización, proximidad y sin segregación. Se asegurará también el respeto a su intimidad y confidencialidad sobre sus características físicas.

Para ello, las Administraciones públicas, en el ámbito de sus competencias, garantizarán una formación adecuada para el personal sanitario que tenga en cuenta las necesidades específicas de las personas trans, prestando especial atención a los problemas de salud asociados a las prácticas quirúrgicas, tratamientos hormonales y su salud sexual y reproductiva. Además, fomentarán la investigación en el campo de las ciencias de la salud y establecerán indicadores para hacer seguimiento de los tratamientos, terapias e intervenciones a las personas trans.

Las Administraciones públicas también elaborarán y desarrollarán protocolos y procedimientos específicos para la atención de las personas trans y podrán establecer servicios especializados conformados por equipos multidisciplinares de profesionales que informen, apoyen y acompañen en todo el proceso de transición a las personas trans, presten apoyo a la atención ambulatoria y a los centros especializados territorializados y lleven a cabo labores de investigación, estadística y seguimiento del conjunto del sistema.

Por último, el Ministerio de Sanidad se encargará de velar por el suficiente abastecimiento de los medicamentos más comúnmente empleados en los tratamientos hormonales para personas trans y supervisará su suministro, a fin de evitar episodios recurrentes de desabastecimiento.

- Medidas en el ámbito educativo para promover la igualdad real y efectiva de las personas trans

La ley establece que el alumnado menor de edad que haya obtenido el cambio de nombre en el Registro tiene derecho a ser tratado conforme a su identidad en todas las actividades educativas. Para garantizar este derecho, las Administraciones públicas deben elaborar protocolos de apoyo y acompañamiento para el alumnado trans, así como medidas para prevenir, detectar e intervenir ante situaciones de violencia y exclusión contra ellos en el ámbito educativo, incluyendo el acoso transfóbico. Es fundamental que se promueva un entorno escolar seguro, inclusivo y respetuoso con la diversidad de género y se brinden las herramientas y recursos necesarios para apoyar y proteger a los estudiantes trans.

5. Titulo III :Protección Efectiva y Reparación Frente a la Discriminación y la Violencia por LGTBI

5.1. Capítulo I: Medidas generales de protección y reparación

Las Administraciones públicas tienen la responsabilidad de garantizar la protección integral, efectiva y rápida de todas las personas que sufran o estén en riesgo de sufrir violencia o discriminación por las causas establecidas en esta ley. Para ello, adoptarán métodos y medidas eficaces para la prevención y detección de estas situaciones, así como para su cese inmediato. Lo mismo se aplica a las personas empleadoras o prestadoras de bienes y servicios, quienes deberán tomar medidas adecuadas para prevenir y detectar situaciones de discriminación.

En casos de discriminación o violencia por LGTIfobia, la Autoridad Independiente para la Igualdad de Trato y la No Discriminación podrá intervenir con sus competencias y funciones establecidas en la Ley 15/2022 de julio.

Cuando una autoridad tenga conocimiento de un supuesto de discriminación, deberá iniciar un procedimiento administrativo en el que se investigarán las circunstancias y se tomarán las medidas necesarias para eliminar la discriminación. Las organizaciones que defiendan los derechos de las personas LGTBI y sus familias podrán ser consideradas interesadas en estos procedimientos si cuentan con la autorización de la persona afectada. En caso de consentimiento expreso de las partes, la Autoridad Independiente para la Igualdad de Trato y la No Discriminación podrá actuar como órgano de mediación o conciliación según lo previsto en la Ley 15/2022.

En cualquier contrato o acuerdo legal, será inválida y no se tendrá en cuenta cualquier cláusula que viole el derecho a la igualdad de trato y no discriminación por motivos de orientación sexual, identidad sexual, expresión de género o características sexuales.

Además de las personas afectadas, las organizaciones empresariales, sindicales, políticas y asociaciones legalmente constituidas con fines de promover los derechos de las personas LGTBI, también podrán actuar en su defensa en procedimientos judiciales, siempre y cuando cuenten con la autorización expresa de la persona afectada.

Si se alega la discriminación por motivos de orientación e identidad sexual, expresión de género o características sexuales, corresponderá a la parte demandada aportar pruebas objetivas y razonables sobre las medidas adoptadas y su proporcionalidad.

Las Administraciones públicas deberán garantizar el derecho de las personas LGTBI a recibir información y asesoramiento jurídico especializado relacionado con la discriminación, y la Autoridad Independiente para la Igualdad de Trato y la No Discriminación también prestará asistencia a estas personas en los términos establecidos por la Ley 15/2022. Además, se establecerán mecanismos para garantizar el derecho a la asistencia jurídica gratuita en casos de discriminación.

5.2. Capitulo II: Medidas de asistencia y protección frente a la violencia basada en la LGTBIfobia

Las Administraciones públicas tienen la responsabilidad de garantizar una atención integral y especializada a las personas víctimas de violencia basada en la LGTBIfobia en el ámbito de sus competencias. Este derecho comprende varios aspectos, tales como la información y orientación accesibles sobre sus derechos y los recursos disponibles, la asistencia psicológica y orientación jurídica, la atención a las necesidades laborales y sociales, así como los servicios de traducción e interpretación.

En lo que respecta a la violencia en el ámbito familiar, cuando las personas LGTBI sufran este tipo de violencia, se dictará una orden de protección según lo establecido en el artículo 544 ter.1 de la Ley de Enjuiciamiento Criminal. Además, las administraciones competentes en materia educativa deben escolarizar inmediatamente a los hijos o hijas afectados por un cambio de residencia derivado de estos actos de violencia.

En caso de existir una sentencia condenatoria por un delito de violencia doméstica, una orden de protección u otra resolución judicial que acuerde una medida cautelar en favor de la víctima, esta podrá solicitar la reorganización de su tiempo de trabajo, la movilidad geográfica y el cambio de centro de trabajo a sus empleadores, quienes deberán atender la solicitud en la medida de sus posibilidades organizativas.

En resumen, es responsabilidad de las Administraciones públicas garantizar una atención integral y especializada a las personas víctimas de violencia basada en la LGTBIfobia, y en caso de violencia en el ámbito familiar, se deben tomar medidas para proteger a los hijos o hijas afectados y ofrecer alternativas laborales a la víctima.

5.3. CAPÍTULO III: Protección de los derechos de personas LGTBI en situaciones especiales

Las Administraciones públicas se comprometen a garantizar el libre desarrollo de la personalidad y la integridad física de las personas menores de edad LGTBI, respetando su orientación e identidad sexual, expresión de género o características sexuales. Para ello, se adoptarán las medidas necesarias para que puedan vivir dignamente y alcanzar el máximo bienestar, siempre teniendo en cuenta el interés superior de la persona menor de edad.

Asimismo, se garantizará el ejercicio de los derechos de las personas LGTBI menores de edad en condiciones de igualdad respecto al resto de las personas menores de edad. Las Administraciones públicas implementarán medidas de protección para los menores LGTBI en los centros de menores de edad, pisos tutelados o recursos en los que residan. También se llevarán a cabo medidas de formación y sensibilización para las personas que trabajen con menores LGTBI.

Las Administraciones públicas prevenir las agresiones y proteger a las personas menores de edad LGTBI declaradas en riesgo o en situación de desamparo, así como a las personas jóvenes mayores de edad o emancipadas que hayan sido declaradas en riesgo o en situación de desamparo durante su minoría de edad y carezcan de recursos económicos propios.

Además, se tendrá en cuenta la negativa del entorno familiar a respetar la orientación e identidad sexual, expresión de género o características sexuales de una persona menor de edad, a efectos de valorar una situación de riesgo, de acuerdo con la Ley Orgánica 1/1996.

Las Administraciones públicas, en el ámbito de sus competencias, tomarán medidas para garantizar la no discriminación y el respeto de las personas LGTBI con discapacidad o en situación de dependencia en los centros e instalaciones a los que acudan o permanezcan. Además, se adoptarán medidas específicas para proteger a aquellas personas con discapacidad o en situación de dependencia que sufran maltrato físico o psicológico por razón de orientación sexual, identidad sexual, expresión de género o características sexuales. También se desarrollarán medidas de formación y sensibilización dirigidas a las personas que atienden a personas LGTBI con discapacidad o en situación de dependencia.

Asimismo, se garantizará a las personas extranjeras LGTBI que se encuentren en España, independientemente de su situación administrativa, el derecho a la igualdad de trato y no discriminación por razón de orientación sexual, identidad sexual, expresión de género o características sexuales, en las mismas condiciones que a las personas de nacionalidad española.

Los poderes públicos garantizarán que las personas mayores LGTBI reciban una protección y atención integral para la promoción de su autonomía personal y el envejecimiento activo, que les permita una vida digna, así como acceder a una atención gerontológica adecuada a sus necesidades en los ámbitos sanitario, social y asistencial. Para ello, se promoverá que los centros residenciales, centros de día u otros centros a los que estén vinculadas las personas mayores garanticen el derecho a la no discriminación de las personas LGTBI, tanto en su individualidad como en sus relaciones sentimentales. Además, se establecerán medidas para garantizar la formación de los profesionales que trabajan en los centros, servicios y programas de servicios sociales destinados a las personas mayores, tanto públicos como privados, sobre la realidad de las personas LGTBI mayores.

Por último, se promoverán actividades que contemplen la realidad de las personas mayores LGTBI en los espacios y recursos comunitarios dirigidos a las personas mayores de socialización, ocio, tiempo libre y educativo, tanto públicos como privados.

Las personas intersexuales tienen derechos que deben ser protegidos y respetados. Entre estos derechos, se encuentra el acceso a una atención integral y adecuada a sus necesidades sanitarias, laborales y educativas en igualdad de condiciones con el resto de la ciudadanía, sin discriminación de ningún tipo. Asimismo, tienen derecho a la protección de su honor, intimidad personal y familiar, y a su propia imagen, sin injerencias arbitrarias o ilegales en su privacidad.

En relación con la inscripción de su nacimiento, las personas progenitoras podrán solicitar que la mención del sexo figure en blanco por el plazo máximo de un año en el caso de que el parte facultativo indique la condición intersexual de la persona recién nacida. Transcurrido ese plazo, la mención del sexo será obligatoria y deberá ser solicitada por las personas progenitoras.

Por otro lado, los poderes públicos deben adoptar medidas para prevenir el sinhogarismo entre personas LGTBI. Esto implica la detección precoz para prevenir situaciones de sinhogarismo en las personas LGTBI, especialmente en las más jóvenes. Para ello, se debe promover la cooperación de los ministerios y administraciones competentes para buscar soluciones y detectar el sinhogarismo en personas LGTBI.

Además, las administraciones públicas deben impulsar acciones para prevenir y combatir los delitos e incidentes de odio que sufren las personas LGTBI en situación de sinhogarismo por las causas recogidas en esta ley y en la Ley Integral para la Igualdad de Trato y la No Discriminación. También se deben realizar investigaciones y estudios para analizar los factores que llevan a las personas LGTBI a una situación de sinhogarismo y desarrollar acciones de capacitación que garanticen una formación suficiente y actualizada del personal que trabaja con la población LGTBI en esta situación.

5.4. Título IV. Infracciones y sanciones

5.4.1. Objeto y ámbito de aplicación de este título.

El presente Título tiene por objeto establecer el régimen de infracciones y sanciones que garantizan las condiciones básicas en materia de igualdad de trato y no discriminación. Este régimen podrá ser objeto de desarrollo y tipificación específica por la legislación de las comunidades autónomas en el ámbito de sus competencias.

En todo caso, en el orden social, el régimen aplicable será el regulado por el texto refundido de la Ley sobre Infracciones y Sanciones en el Orden Social, aprobado por Real Decreto Legislativo 5/2000, de 4 de agosto. El régimen disciplinario de funcionarios y demás empleados públicos será el dispuesto en el texto refundido de la Ley del Estatuto Básico del Empleado Público, aprobado por Real Decreto Legislativo 5/2015, de 30 de octubre, y su normativa de desarrollo.

Los procedimientos sancionadores se regirán por lo dispuesto en la Ley 39/2015, de 1 de octubre, y en la Ley 40/2015, de 1 de octubre.

No podrán sancionarse los hechos que hayan sido sancionados penal o administrativamente, en los casos en que se aprecie identidad de sujeto, de hecho y de fundamento. En los supuestos en que las infracciones pudieran ser constitutivas de ilícito penal, la administración pasará el tanto de culpa al órgano judicial competente o al Ministerio Fiscal y se abstendrá de seguir el procedimiento sancionador mientras la autoridad judicial no dicte sentencia firme o resolución que ponga fin al procedimiento o mientras el Ministerio Fiscal no comunique la improcedencia de iniciar o proseguir actuaciones. De no haberse estimado la existencia de ilícito penal, o en el caso de haberse dictado resolución de otro tipo que ponga fin al procedimiento penal, el Ministerio Fiscal o el órgano judicial competente comunicarán a la administración de origen la finalización del expediente penal, al efecto de que la Administración continúe, si procediera, con el expediente sancionador. Los hechos declarados probados por resolución penal firme vincularán a los órganos administrativos respecto de los procedimientos administrativos que sustancien.

Con el consentimiento expreso de las partes, la Autoridad Independiente para la Igualdad de Trato y la No Discriminación, podrá actuar como órgano de mediación o conciliación en los términos previstos en la Ley 15/2022, de 12 de julio, integral para la igualdad de trato y la no discriminación.

5.4.2. Competencia.

La incoación e instrucción de los expedientes sancionadores, así como la imposición de las correspondientes sanciones administrativas, corresponderá a cada Administración pública en el ámbito de sus competencias, y a la Administración General del Estado cuando el ámbito territorial de la conducta infractora sea superior al de una comunidad autónoma. Cuando una comunidad autónoma observe que la potestad sancionadora corresponde a otra comunidad autónoma o a varias, lo pondrá en conocimiento de la Administración pública competente, dando traslado del expediente completo.

En los casos en los que la Administración General del Estado incoe expediente sancionador por corresponder la conducta infractora al ámbito territorial superior al de una comunidad autónoma, deberá recabar informe de las comunidades autónomas afectadas en relación con los hechos constitutivos de infracción y los antecedentes que pudieran resultar de relevancia.

En el ámbito de la Administración General del Estado, el procedimiento se iniciará siempre de oficio, correspondiendo la instrucción a la Dirección General de Diversidad Sexual y Derechos LGTBI, y el órgano competente para resolver el procedimiento será la persona titular del Ministerio de Igualdad. No obstante, cuando se trate de infracciones muy graves y el importe de la sanción propuesta exceda los 100.000 euros, será competente el Consejo de Ministros.

5.4.3. Plazo de resolución.

El plazo máximo en que deberá notificarse la resolución del procedimiento sancionador será de seis meses.

5.4.4. Infracciones.

Las infracciones en materia de igualdad de trato y no discriminación por razón de orientación e identidad sexual, expresión de género o características sexuales se califican como leves, graves y muy graves, en atención a la naturaleza de la obligación incumplida.

- Son infracciones administrativas leves:

1. Utilizar o emitir expresiones vejatorias contra las personas por razón de su orientación e identidad sexual, expresión de género o características sexuales en la prestación de servicios públicos o privados.

2. No facilitar la labor o negarse parcialmente a colaborar con la acción investigadora de los servicios de inspección en el cumplimiento de los mandatos establecidos en esta ley.

3. Causar daños o deslucimiento, cuando no constituyan infracción penal, a bienes muebles o inmuebles pertenecientes a personas LGTBI o a sus familias por razón de su orientación e identidad sexual, expresión de género o características sexuales, o destinados a la protección de los derechos de las personas LGTBI, tales como centros asociativos LGTBI, o

a la recuperación de la memoria histórica del colectivo LGTBI, tales como monumentos o placas conmemorativas.

- Son infracciones administrativas graves:

1. La no retirada de las expresiones vejatorias a las que se refiere el apartado 2.a) de este artículo contenidas en sitios web o redes sociales por parte de la persona prestadora de un servicio de la sociedad de la información, una vez tenga conocimiento efectivo del uso de estas expresiones.
2. La realización de actos o la imposición de disposiciones o cláusulas en los negocios jurídicos que supongan, directa o indirectamente, un trato menos favorable a la persona por razón de su orientación o identidad sexual, expresión de género o características sexuales en relación con otra persona que se encuentre en situación análoga o comparable.
3. La obstrucción o negativa absoluta a la actuación de los servicios de inspección correspondientes en el cumplimiento de los mandatos establecidos en esta ley.

- Son infracciones administrativas muy graves:

1. El acoso discriminatorio, cuando no constituya infracción penal, por razón de orientación e identidad sexual, expresión de género o características sexuales.
2. Las represalias, entendidas como el trato adverso que reciba una persona como consecuencia de haber presentado una queja, reclamación, denuncia, demanda o recurso, destinado a impedir su discriminación por razón de orientación e identidad sexual, expresión de género o características sexuales y a exigir el cumplimiento efectivo del principio de igualdad.
3. La negativa a atender o asistir a quienes hayan sufrido cualquier tipo de discriminación por razón de orientación e identidad sexual, expresión de género o características sexuales, por quien, por su condición o puesto, tenga obligación de atender a la víctima, cuando no constituya infracción penal.

4. La promoción o la práctica de métodos, programas o terapias de aversión, conversión o contracondicionamiento, ya sean psicológicos, físicos o mediante fármacos, que tengan por finalidad modificar la orientación sexual, la identidad sexual, o la expresión de género de las personas, con independencia del consentimiento que pudieran haber prestado las mismas o sus representantes legales.

5. La elaboración, utilización o difusión en centros educativos de libros de texto y materiales didácticos que presenten a las personas como superiores o inferiores en dignidad humana en función de su orientación e identidad sexual, expresión de género o características sexuales.

6. La convocatoria de espectáculos públicos o actividades recreativas que tengan como objeto la incitación a realizar conductas tipificadas como graves o muy graves en el presente Título.

7. La denegación, cuando no constituya infracción penal, del acceso a los establecimientos, bienes y servicios disponibles para el público y la oferta de los mismos, incluida la vivienda, cuando dicha denegación esté motivada por la orientación e identidad sexual, expresión de género o características sexuales de la persona.

8. La vulneración de la prohibición de prácticas de modificación genital en personas menores de doce años establecida en el artículo 19.2 de esta ley, cuando no constituya infracción penal.

9. La victimización secundaria, entendida como el incumplimiento por parte de las Administraciones públicas de las obligaciones de atención previstas en esta ley que den lugar a un nuevo daño psicológico para la víctima.

♦ Sanciones y criterios de graduación.

1. Las infracciones leves serán sancionadas con apercibimiento o con multa de 200 a 2.000 euros.

2. Las infracciones graves serán sancionadas con multa de 2.001 a 10.000 euros. Además, en atención al sujeto infractor y al ámbito en que la infracción se haya producido, podrán imponerse motivadamente como

sanciones o medidas accesorias alguna o algunas de las siguientes:

a) La supresión, cancelación o suspensión, total o parcial, de subvenciones que la persona sancionada tuviera reconocidas o hubiera solicitado en el sector de actividad en cuyo ámbito se produce la infracción.

b) La prohibición de acceder a cualquier tipo de ayuda pública por un período de un año.

c) La prohibición de contratar con la Administración, sus organismos autónomos o entes públicos por un período de un año.

d) Las infracciones muy graves serán sancionadas con multa de 10.001 a 150.000 euros. Además, en atención al sujeto infractor y al ámbito en que la infracción se haya producido, podrá imponerse motivadamente alguna o algunas de las sanciones o medidas accesorias siguientes:

e) La denegación, supresión, cancelación o suspensión, total o parcial, de subvenciones que la persona sancionada tuviera reconocidas o hubiera solicitado en el sector de actividad en cuyo ámbito se produce la infracción.

f) La prohibición de acceder a cualquier tipo de ayuda pública por un período de hasta tres años.

g) La prohibición de contratar con la Administración, sus organismos autónomos o entes públicos por un período de hasta tres años.

h) El cierre del establecimiento en que se haya producido la discriminación por un término máximo de tres años, cuando la persona infractora sea la responsable del establecimiento.

i) El cese en la actividad económica o profesional desarrollada por la persona infractora por un término máximo de tres años.

10. La multa y la sanción accesoria, en su caso, impuesta por el órgano administrativo sancionador deberá guardar la debida adecuación y proporcionalidad con la gravedad del hecho constitutivo de la infracción, y el importe de la multa deberá fijarse de modo que a la persona infractora no le resulte más beneficioso su abono que la comisión de la infracción.

En todo caso, las sanciones se determinarán con arreglo a los siguientes criterios:

a) La naturaleza y gravedad de los riesgos o perjuicios causados a las personas o bienes.

b) La intencionalidad de la persona infractora.

c) La reincidencia. A los efectos de lo previsto en esta ley, existe reincidencia cuando la o las personas responsables de la infracción hayan sido sancionadas antes de la comisión de la infracción, mediante resolución firme en vía administrativa, por la realización de una infracción de la misma naturaleza en el plazo de dos años, contados desde la notificación de aquella.

d) La trascendencia social de los hechos.

e) El beneficio que haya obtenido la persona infractora.

f) El incumplimiento de las advertencias o requerimientos que previamente haya realizado la Administración.

g) La reparación voluntaria de los daños causados o la subsanación de los hechos constitutivos de la infracción, siempre que ello tenga lugar antes de que recaiga resolución definitiva en el procedimiento sancionador.

h) Que los hechos constituyan discriminación múltiple.

9. Cuando de la comisión de una infracción derive necesariamente la comisión de otra u otras, se impondrá la sanción correspondiente a la infracción más grave.

10. En la imposición de sanciones, por resolución motivada del órgano que resuelva el expediente sancionador, con el consentimiento de la persona sancionada, y siempre que no se trate de infracciones muy graves, se podrá sustituir la sanción económica por la prestación de su cooperación personal no retribuida en actividades de utilidad pública, con interés social y valor educativo, o en labores de reparación de los daños causados o de apoyo o asistencia a las víctimas de los actos de discriminación, por

la asistencia a cursos de formación o a sesiones individualizadas, o por cualquier otra medida alternativa que tenga la finalidad de sensibilizar a la persona infractora sobre la igualdad de trato y no discriminación por razón de orientación e identidad sexual, expresión de género o características sexuales, y de reparar el daño moral de las víctimas y de los grupos afectados.

5.4.5. Prescripción de las infracciones y de las sanciones.

1. Las infracciones muy graves prescribirán a los tres años, las graves a los dos años y las leves a los nueve meses.

2. Las sanciones impuestas por infracciones muy graves prescribirán a los dos años, las graves al año y las leves a los seis meses.

5.4.6. Prohibición de ayudas a asociaciones que cometan, inciten o promocionen actos discriminatorios o de violencia contra las personas LGTBI.

No se concederán, proporcionarán, u otorgarán subvenciones, recursos ni fondos públicos de ningún tipo, ni directa ni indirectamente, a ninguna persona física o jurídica, pública, privada o de financiación mixta que cometa, incite o promocione LGTBIfobia, incluyendo la promoción o realización de terapias de conversión.

En materia de igualdad de trato y no discriminación por razón de orientación e identidad sexual, expresión de género o características sexuales, las infracciones se dividen en leves, graves y muy graves según la gravedad de la falta cometida.

Resumen

La Ley 4/2023 de 28 de febrero busca promover la igualdad real y efectiva de las personas trans y garantizar los derechos de las personas LGTBI. Aquí está un resumen del contenido del documento:

Objeto y Ámbito de Aplicación

- Objeto: Promover la igualdad real y efectiva de las personas LGTBI y sus familias, prevenir y eliminar la discriminación en todos los ámbitos de la sociedad.
- Ámbito de aplicación: Aplicable a personas y entidades, tanto públicas como privadas, en el territorio español, independientemente de su origen, religión, edad, etc.

Definiciones

- Se definen términos clave como discriminación directa e indirecta, acoso discriminatorio, y diversas formas de fobia (LGTBIfobia, homofobia, bifobia, transfobia), entre otros.

Título I: Actuación de los Poderes Públicos

- Capítulo I: Establece criterios para la actuación de los poderes públicos y la creación de un órgano de participación ciudadana.
- Capítulo II: Describe políticas públicas para promover la igualdad efectiva de las personas LGTBI, abordando ámbitos como salud, educación, trabajo, medios de comunicación, y más.

Título II: Medidas para la Igualdad de Personas Trans

- Capítulo I: Detalla el procedimiento para la rectificación registral del sexo en documentos oficiales y medidas derivadas de esta rectificación.
- Capítulo II: Propone políticas públicas específicas para la igualdad real de personas trans, incluyendo estrategias estatales y medidas en diversos ámbitos como el laboral y el de salud.

Título III: Protección y Reparación frente a Discriminación y Violencia

- ⇨ Capítulo I: Medidas generales de protección y reparación.
- ⇨ Capítulo II: Asistencia y protección contra la violencia basada en la LGTBIfobia.
- ⇨ Capítulo III: Protección de derechos de personas LGTBI en situaciones especiales.

Título IV: Infracciones y Sanciones

- ⇨ Detalla el régimen de infracciones y sanciones aplicables en casos de discriminación y violencia hacia las personas LGTBI, incluyendo infracciones leves, graves, y muy graves.

Otros Elementos del Documento

- ⇨ Resumen, cuestionario, glosario, y ejercicios para profundizar en la comprensión y aplicación de la ley.
- ⇨ Recursos en red para obtener más información y apoyo relacionado con los derechos LGTBI.

Este documento es un recurso integral para entender las regulaciones y medidas destinadas a fomentar la inclusión y proteger los derechos de la comunidad LGTBI en España.

UNIDAD

1.4. Buenas Prácticas para la Inclusión LGTBI

Contenido de la Unidad

- Introducción
- Aceptar y Respetar la Diversidad Sexual y de Género
- Capacitación y Sensibilización
- Servicios de Atención Médica y Sociales Inclusivos
- Políticas y Prácticas Inclusivas
- Creación de Espacios Seguros y Acogedores
- Recursos y Apoyo Para Personas LGTBI
- Publicidad y Promoción Inclusivas
- Apoyo y Patrocinio de Eventos y Organizaciones LGTBI
- Oportunidades de Liderazgo y Empoderamiento
- Escucha y Atención a las Necesidades LGTBI
- Uso de Lenguaje Inclusivo
- Resumen

ICB
EDITORES

1. Introducción

El documento "Buenas prácticas para la inclusión LGTBI" tiene como principal objetivo promover la aceptación y el respeto hacia la diversidad sexual y de género. Para lograr esto, se enfoca en fomentar una cultura de inclusión y tolerancia en todos los aspectos de la vida organizacional y social.

Uno de los objetivos fundamentales es proporcionar capacitación y sensibilización sobre temas LGTBI a empleados, voluntarios y miembros de la comunidad. Esto incluye la organización de talleres y sesiones informativas que aborden la diversidad sexual y de género, así como la formación sobre políticas inclusivas. Estas capacitaciones también buscan mejorar la calidad de atención al cliente y crear un ambiente seguro y acogedor para las personas LGTBI.

El documento también destaca la importancia de apoyar eventos y organizaciones LGTBI. Patrocinar eventos como el Día del Orgullo LGTBI y colaborar con organizaciones locales y nacionales es una forma de demostrar el compromiso con la inclusión y la igualdad de oportunidades.

Además, se promueve el liderazgo inclusivo, incentivando la contratación y promoción de personas de diferentes orientaciones sexuales e identidades de género. Ofrecer oportunidades de liderazgo y empoderamiento dentro de la organización es clave para asegurar una representación equitativa y diversa.

La comunicación inclusiva es otro aspecto crucial. El documento subraya la necesidad de utilizar imágenes y lenguaje que sean representativos de la diversidad sexual y de género en todos los medios de comunicación de la empresa. Asegurar que la publicidad y la promoción sean inclusivas es esencial para reflejar el compromiso con la igualdad.

Crear espacios seguros y acogedores para la comunidad LGTBI es una prioridad. Esto incluye la creación de grupos de apoyo y la organización de eventos específicos que permitan a las personas LGTBI sentirse valoradas y comprendidas. La capacitación del personal es fundamental para garantizar que estos espacios sean verdaderamente inclusivos y respetuosos.

Ofrecer servicios de atención médica y social inclusivos es vital para asegurar que las personas LGTBI reciban el trato adecuado y respetuoso que merecen. Capacitar a los profesionales de salud y servicios sociales sobre la diversidad sexual y de género y asegurar la no discriminación en el acceso a estos servicios es una parte integral de esta meta.

Incluir a personas LGTBI en la planificación y toma de decisiones dentro de las organizaciones es esencial para que sus voces y necesidades sean escuchadas y atendidas. Establecer políticas contra la discriminación y promover la inclusión en todas las áreas organizativas asegura que las prácticas sean verdaderamente equitativas.

Proporcionar recursos y apoyo a las personas LGTBI, especialmente aquellas que enfrentan discriminación o dificultades, es otro objetivo crucial. Esto incluye servicios de asesoramiento, asistencia jurídica y recursos de salud mental, así como la creación de líneas de ayuda y programas de apoyo social.

Finalmente, el uso de un lenguaje inclusivo y respetuoso es fundamental para crear un ambiente en el que las personas LGTBI se sientan seguras y valoradas. Evitar el lenguaje excluyente y discriminatorio ayuda a prevenir la perpetuación de estereotipos y prejuicios dañinos.

En resumen, el documento busca establecer un marco de buenas prácticas que promuevan la inclusión, el respeto y la equidad para las personas LGTBI en todos los aspectos de la vida organizacional y social.

La inclusión de personas LGTBI (lesbianas, gays, bisexuales, transgénero e intersexuales) es esencial para la creación de una sociedad más justa y equitativa. Algunas buenas prácticas para la inclusión de personas LGTBI incluyen:

1. Aceptar y respetar la diversidad sexual y de género, y promover una cultura de inclusión y tolerancia.

2. Ofrecer capacitación y sensibilización sobre temas LGTBI a empleados, voluntarios y miembros de la comunidad para que comprendan mejor las necesidades y desafíos de las personas LGTBI.

3. Proporcionar servicios de atención médica y servicios sociales inclusivos,

sin discriminación por motivos de orientación sexual o identidad de género.

4. Asegurar que las políticas y prácticas de la organización sean inclusivas y respeten la diversidad sexual y de género
5. Fomentar la creación de espacios seguros y acogedores para personas LGTBI, como grupos de apoyo y eventos específicos para esta población.
6. Proporcionar recursos y apoyo a las personas LGTBI que pueden estar experimentando discriminación o dificultades, incluyendo asesoramiento, servicios de asistencia jurídica y recursos de atención de salud mental.
7. Asegurar que la publicidad y la promoción de la organización sean inclusivas y representativas de la diversidad sexual y de género.
8. Apoyar y patrocinar eventos y organizaciones LGTBI locales y nacionales.
9. Proporcionar oportunidades de liderazgo y empoderamiento para las personas LGTBI dentro de la organización.
10. Asegurar que se escuchen y se atiendan las preocupaciones y necesidades específicas de las personas LGTBI en la planificación y toma de decisiones.
11. Lenguaje inclusivo

Analizaremos cada una de ellas a lo largo de este tema.

2. Aceptar y Respetar la Diversidad Sexual y de Género

1. Aceptar y respetar la diversidad sexual y de género, y promover una cultura de inclusión y tolerancia:
   - ⇨ Establecer políticas inclusivas: La empresa puede establecer políticas que sean inclusivas y respetuosas con las personas LGTBI. Por ejemplo, la empresa puede establecer políticas que protejan contra la discriminación por motivos de orientación sexual o identidad de género, y que promuevan un ambiente de trabajo seguro y acogedor para las personas LGTBI.

- ⇨ Capacitación y sensibilización: La empresa puede proporcionar capacitación y sensibilización sobre temas LGTBI a empleados y miembros de la empresa. Esto puede incluir talleres y capacitaciones sobre diversidad sexual y de género, y cómo promover un ambiente de trabajo inclusivo y tolerante.
- ⇨ Apoyo a eventos LGTBI: La empresa puede apoyar y patrocinar eventos y organizaciones LGTBI locales y nacionales. Esto puede incluir la participación de la empresa en eventos como el Día del Orgullo LGTBI, y el patrocinio de organizaciones locales que apoyan a las personas LGTBI.
- ⇨ Liderazgo inclusivo: La empresa puede promover un liderazgo inclusivo al contratar y promover a personas de diferentes orientaciones sexuales e identidades de género. También se pueden proporcionar oportunidades de liderazgo y empoderamiento para las personas LGTBI dentro de la empresa.
- ⇨ Comunicación inclusiva: La empresa puede asegurarse de que la comunicación y promoción de la empresa sean inclusivas y representativas de la diversidad sexual y de género. Esto puede incluir la inclusión de imágenes y lenguaje inclusivo en el sitio web de la empresa, en la publicidad y en el material de la empresa.
- ⇨ Espacios seguros: La empresa puede proporcionar espacios seguros y acogedores para personas LGTBI dentro de la empresa. Esto puede incluir grupos de apoyo y eventos específicos para esta población.

3. Capacitación y Sensibilización

1. Ofrecer capacitación y sensibilización sobre temas LGTBI a empleados, voluntarios y miembros de la comunidad para que comprendan mejor las necesidades y desafíos de las personas LGTBI:

   - ⇨ Talleres de sensibilización: Se pueden organizar talleres de sensibilización para empleados, voluntarios y miembros de la comunidad, donde se discuta la diversidad sexual y de género, las experiencias de las personas LGTBI y los desafíos a los que se enfrentan en su vida cotidiana.

   - ⇨ Formación sobre políticas inclusivas: Se pueden ofrecer formaciones para informar a los empleados, voluntarios y miembros de la comunidad sobre políticas inclusivas en la empresa, organización o comunidad que promuevan la igualdad de trato, independientemente de la orientación sexual o identidad de género.

   - ⇨ Sesiones informativas: Se pueden ofrecer sesiones informativas sobre los diferentes aspectos de la sexualidad y la identidad de género, como la terminología apropiada y los desafíos específicos que enfrentan las personas LGTBI.

   - ⇨ Programas de mentores: Se pueden establecer programas de mentores donde empleados, voluntarios y miembros de la comunidad con experiencia en temas LGTBI puedan guiar a otros que buscan aprender más sobre la diversidad sexual y de género.

   - ⇨ Capacitación en servicios de atención al cliente: Se pueden ofrecer capacitaciones para mejorar la calidad de atención al cliente a las personas LGTBI que acuden a la empresa, organización o comunidad. Estos programas pueden incluir técnicas para proporcionar un ambiente seguro y acogedor.

4. Servicios de Atención Médica y Sociales Inclusivos

1. Proporcionar servicios de atención médica y servicios sociales inclusivos, sin discriminación por motivos de orientación sexual o identidad de género:

   ⇨ Capacitación de los profesionales de la salud y servicios sociales: Se pueden ofrecer capacitaciones para los profesionales de la salud y servicios sociales sobre la diversidad sexual y de género, y los desafíos específicos que enfrentan las personas LGTBI en el acceso a servicios de atención médica y servicios sociales.

   ⇨ Identificación de la orientación sexual y la identidad de género: Se pueden hacer preguntas sobre la orientación sexual y la identidad de género en los formularios de registro del paciente o cliente, para asegurarse de que se les brinde un trato adecuado y apropiado.

   ⇨ Selección de personal inclusivo: Se pueden seleccionar profesionales de la salud y servicios sociales que sean sensibles y respetuosos con la diversidad sexual y de género, y que estén capacitados en la atención médica y servicios sociales para personas LGTBI.

   ⇨ Servicios de apoyo a la salud mental: Se pueden proporcionar servicios de apoyo a la salud mental específicos para las personas LGTBI, incluyendo terapia individual o grupal y programas de apoyo para jóvenes LGTBI.

- ⇨ Tratamientos de reasignación de género: Las personas transexuales pueden necesitar tratamiento de reasignación de género, incluyendo terapia hormonal y cirugía de reasignación de género. Los servicios de atención médica deben estar dispuestos a proporcionar estos tratamientos a las personas que los necesiten.
- ⇨ No discriminación: Es importante que los servicios de atención médica y servicios sociales se comprometan a no discriminar a las personas LGTBI en el acceso a los servicios. Esto puede incluir capacitación del personal, políticas explícitas contra la discriminación, y un enfoque centrado en la equidad.

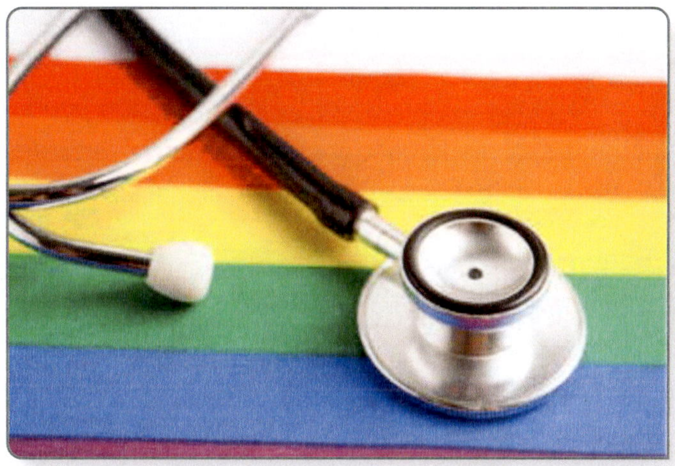

5. Políticas y Prácticas Inclusivas

1. Asegurar que las políticas y prácticas de la organización sean inclusivas y respeten la diversidad sexual y de género. Esto incluye la inclusión de personas LGTBI en la planificación y toma de decisiones.

    - ⇨ Establecer políticas contra la discriminación: La organización puede establecer políticas explícitas que prohíban la discriminación por motivos de orientación sexual o identidad de género, y asegurarse de que se apliquen de manera consistente en toda la organización.

- ⇨ Inclusión en la planificación y toma de decisiones: La organización puede incluir a personas LGTBI en la planificación y toma de decisiones, lo que les permitirá tener una voz en las políticas y prácticas que los afectan directamente.

- ⇨ Promoción de la diversidad: La organización puede promover la diversidad sexual y de género a través de campañas publicitarias, la inclusión de imágenes y lenguaje inclusivo en el sitio web de la organización, en la publicidad y en el material de la organización.

- ⇨ Asegurarse de que los programas y servicios de la organización sean inclusivos: La organización puede asegurarse de que sus programas y servicios sean inclusivos y estén diseñados para satisfacer las necesidades de las personas LGTBI.

- ⇨ Selección de personal inclusivo: La organización puede seleccionar personal que sea respetuoso y sensible a la diversidad sexual y de género, y que esté capacitado en la atención a las necesidades de las personas LGTBI.

- ⇨ Ofrecer beneficios y recursos para las personas LGTBI: La organización puede ofrecer beneficios y recursos para las personas LGTBI, como la inclusión de parejas del mismo sexo en los planes de beneficios para empleados.

- ⇨ Proporcionar capacitación y sensibilización: La organización puede proporcionar capacitación y sensibilización sobre temas LGTBI a empleados y miembros de la organización, lo que les permitirá comprender mejor las necesidades y desafíos de las personas LGTBI.

6. Creación de Espacios Seguros y Acogedores

1. Fomentar la creación de espacios seguros y acogedores para personas LGTBI, como grupos de apoyo y eventos específicos para esta población.

   - ⇨ Grupos de apoyo: La organización puede establecer grupos de apoyo para personas LGTBI, donde puedan compartir sus experiencias y recibir apoyo de otros que entienden sus desafíos.

   - ⇨ Eventos específicos para personas LGTBI: La organización puede organizar eventos específicos para personas LGTBI, como la celebración del Día del Orgullo LGTBI o charlas sobre temas LGTBI, para que las personas LGTBI puedan sentirse incluidas y valoradas.

   - ⇨ Capacitación para el personal: El personal de la organización puede recibir capacitación para crear espacios seguros y acogedores para personas LGTBI, incluyendo la importancia del lenguaje inclusivo y el respeto por la diversidad sexual y de género.

   - ⇨ Alianzas con organizaciones LGTBI: La organización puede establecer alianzas con organizaciones LGTBI locales o nacionales, para trabajar juntas en la promoción de la inclusión y la lucha contra la discriminación por motivos de orientación sexual o identidad de género.

- ⇨ Comunicación inclusiva: La organización puede asegurarse de que su comunicación y promoción sean inclusivas y representativas de la diversidad sexual y de género. Esto puede incluir la inclusión de imágenes y lenguaje inclusivo en el sitio web de la organización, en la publicidad y en el material de la organización.
- ⇨ Asegurarse de que los programas y servicios de la organización sean inclusivos: La organización puede asegurarse de que sus programas y servicios sean inclusivos y estén diseñados para satisfacer las necesidades de las personas LGTBI.

7. Recursos y Apoyo Para Personas LGTBI

1. Proporcionar recursos y apoyo a las personas LGTBI que pueden estar experimentando discriminación o dificultades, incluyendo asesoramiento, servicios de asistencia jurídica y recursos de atención de salud mental.
   - ⇨ Asesoramiento: Se pueden ofrecer servicios de asesoramiento para ayudar a las personas LGTBI a superar los desafíos y las dificultades relacionadas con su orientación sexual o identidad de género.
   - ⇨ Servicios de asistencia jurídica: Se pueden proporcionar servicios de asistencia jurídica para ayudar a las personas LGTBI a hacer frente a la discriminación o la falta de igualdad de oportunidades en el trabajo, la vivienda y otros aspectos de la vida.

- ⇨ Recursos de atención de salud mental: Se pueden proporcionar recursos de atención de salud mental específicos para las personas LGTBI, incluyendo terapia individual o grupal y programas de apoyo para jóvenes LGTBI.
- ⇨ Servicios de apoyo social: Se pueden ofrecer servicios de apoyo social a través de grupos de apoyo, programas de mentoría o actividades comunitarias para ayudar a las personas LGTBI a conectarse con otros que comprenden sus experiencias y desafíos.
- ⇨ Línea de ayuda: Se pueden establecer líneas de ayuda para que las personas LGTBI puedan recibir apoyo y asistencia en caso de emergencia o crisis.
- ⇨ Capacitación para el personal: El personal de la organización puede recibir capacitación para brindar apoyo a las personas LGTBI en momentos de crisis o dificultad, incluyendo el conocimiento de los recursos y servicios disponibles para las personas LGTBI.

8. Publicidad y Promoción Inclusivas

1. Asegurar que la publicidad y la promoción de la organización sean inclusivas y representativas de la diversidad sexual y de género.

- ⇨ Inclusión de imágenes y lenguaje inclusivo: La organización puede incluir imágenes y lenguaje inclusivo en su publicidad y promoción, como el uso de imágenes que representen a personas LGTBI, y la inclusión de pronombres de género neutro en el texto.

- ⇨ Promoción de eventos y programas para personas LGTBI: La organización puede promocionar eventos y programas específicos para personas LGTBI, como el Día del Orgullo LGTBI o programas de apoyo para jóvenes LGTBI, para demostrar su compromiso con la inclusión y la igualdad de oportunidades.

- ⇨ Alianzas con organizaciones LGTBI: La organización puede establecer alianzas con organizaciones LGTBI locales o nacionales, para trabajar juntas en la promoción de la inclusión y la lucha contra la discriminación por motivos de orientación sexual o identidad de género.

- ⇨ Capacitación del personal: El personal de la organización puede recibir capacitación en la inclusión de la diversidad sexual y de género en la publicidad y promoción de la organización, para asegurarse de que estén utilizando un lenguaje inclusivo y representando de manera adecuada a la diversidad sexual y de género.

- ⇨ Inclusión de parejas del mismo sexo en la publicidad de la organización: La organización puede incluir parejas del mismo sexo en su publicidad, para demostrar su compromiso con la inclusión y la igualdad de oportunidades.

- ⇨ Utilización de portavoces LGTBI en la publicidad de la organización: La organización puede utilizar portavoces LGTBI en su publicidad, para demostrar su compromiso con la inclusión y la igualdad de oportunidades.

9. Apoyo y Patrocinio de Eventos y Organizaciones LGTBI

1. Apoyar y patrocinar eventos y organizaciones LGTBI locales y nacionales.

   - Patrocinar eventos LGTBI: La organización puede patrocinar eventos LGTBI locales y nacionales, como el Día del Orgullo LGTBI, para demostrar su compromiso con la inclusión y la igualdad de oportunidades.
   - Apoyar a organizaciones LGTBI: La organización puede apoyar a organizaciones LGTBI locales y nacionales a través de donaciones o voluntariado, para ayudarles a continuar con su importante trabajo en la promoción de la inclusión y la igualdad de oportunidades.
   - Participar en eventos LGTBI: La organización puede participar en eventos LGTBI locales y nacionales, como ferias de recursos LGTBI, para demostrar su compromiso con la inclusión y la igualdad de oportunidades y para conectarse con la comunidad LGTBI.
   - Establecer alianzas con organizaciones LGTBI: La organización puede establecer alianzas con organizaciones LGTBI locales y nacionales, para trabajar juntas en la promoción de la inclusión y la lucha contra la discriminación por motivos de orientación sexual o identidad de género.

- ⇨ Ofrecer descuentos y beneficios para miembros de la comunidad LGTBI: La organización puede ofrecer descuentos y beneficios para miembros de la comunidad LGTBI, como descuentos en productos o servicios o la inclusión de parejas del mismo sexo en los planes de beneficios para empleados.
- ⇨ Participar en campañas de concientización LGTBI: La organización puede participar en campañas de concientización LGTBI, como la campaña de "No al Bullying LGTBI" o la campaña de "Matrimonio Igualitario", para demostrar su compromiso con la inclusión y la igualdad de oportunidades.

10. Oportunidades de Liderazgo y Empoderamiento

1. Proporcionar oportunidades de liderazgo y empoderamiento para las personas LGTBI dentro de la organización.
   - ⇨ Promover a personas LGTBI a posiciones de liderazgo: La organización puede promover a personas LGTBI a posiciones de liderazgo, para demostrar su compromiso con la inclusión y la igualdad de oportunidades.
   - ⇨ Formar una red de apoyo para empleados LGTBI: La organización puede formar una red de apoyo para empleados LGTBI, para que puedan compartir sus experiencias y recibir apoyo de otros que comprenden sus desafíos.

- ⇨ Ofrecer capacitación en liderazgo: La organización puede ofrecer capacitación en liderazgo para empleados LGTBI, para ayudarles a desarrollar habilidades de liderazgo y avanzar en sus carreras.
- ⇨ Incluir a personas LGTBI en la toma de decisiones: La organización puede incluir a personas LGTBI en la toma de decisiones, para asegurarse de que sus necesidades y desafíos sean considerados en la planificación y ejecución de los programas y servicios de la organización.
- ⇨ Celebrar el éxito de las personas LGTBI: La organización puede celebrar el éxito de las personas LGTBI, para reconocer sus logros y demostrar su compromiso con la inclusión y la igualdad de oportunidades.
- ⇨ Ofrecer oportunidades de desarrollo profesional: La organización puede ofrecer oportunidades de desarrollo profesional para empleados LGTBI, como programas de mentoría o capacitación en habilidades específicas, para ayudarles a avanzar en sus carreras.

11. Escucha y Atención a las Necesidades LGTBI

1. Asegurar que se escuchen y se atiendan las preocupaciones y necesidades específicas de las personas LGTBI en la planificación y toma de decisiones.

- ⇨ Incluir a personas LGTBI en los procesos de toma de decisiones: La organización puede incluir a personas LGTBI en los procesos de toma de decisiones, para asegurarse de que sus necesidades y desafíos sean considerados en la planificación y ejecución de los programas y servicios de la organización.

- ⇨ Recopilar comentarios y opiniones de la comunidad LGTBI: La organización puede recopilar comentarios y opiniones de la comunidad LGTBI, a través de encuestas o grupos de enfoque, para entender mejor sus preocupaciones y necesidades específicas.

- ⇨ Formar comités o grupos de trabajo inclusivos: La organización puede formar comités o grupos de trabajo inclusivos, para que las personas LGTBI tengan una voz en la planificación y toma de decisiones de la organización.

- ⇨ Establecer políticas inclusivas: La organización puede establecer políticas inclusivas para asegurarse de que las necesidades y preocupaciones de las personas LGTBI sean consideradas en todos los aspectos de la organización.

- ⇨ Brindar capacitación en inclusión: La organización puede brindar capacitación en inclusión para asegurarse de que todos los miembros del equipo comprendan las necesidades específicas de las personas LGTBI y puedan contribuir a la planificación y toma de decisiones inclusivas.

- ⇨ Realizar evaluaciones de impacto de género: La organización puede realizar evaluaciones de impacto de género para asegurarse de que sus programas y servicios no perpetúen la discriminación por motivos de orientación sexual o identidad de género.

12. Uso de Lenguaje Inclusivo

1. Lenguaje inclusivo

   ⇨ El lenguaje es una herramienta fundamental para la inclusión de personas LGTBI, ya que puede ser utilizado tanto para incluir como para excluir a las personas de esta comunidad. El lenguaje puede tener un impacto significativo en cómo las personas se ven a sí mismas y en cómo son percibidas por los demás. Por lo tanto, el uso de un lenguaje inclusivo y respetuoso puede ayudar a crear un ambiente en el que las personas LGTBI se sientan seguras y valoradas, mientras que el uso de un lenguaje excluyente y discriminatorio puede perpetuar estereotipos y prejuicios que pueden ser dañinos para las personas LGTBI.

   ⇨ El lenguaje puede ser utilizado para describir la identidad de género de las personas, su orientación sexual, sus relaciones y su comportamiento. Por lo tanto, es importante utilizar un lenguaje respetuoso y preciso que refleje la identidad y la orientación sexual de las personas LGTBI. El uso de pronombres incorrectos o peyorativos, como "él" o "ella" en lugar de "ellos" o "ellas", o el uso de términos ofensivos como "maricón" o "travesti", pueden ser ofensivos e hirientes para las personas LGTBI y pueden perpetuar la discriminación y el acoso.

⇨ El lenguaje inclusivo puede ser utilizado para crear un ambiente respetuoso e inclusivo en el que las personas LGTBI se sientan seguras y valoradas. El uso de pronombres de género neutro como "ellos" o "ellas" en lugar de "él" o "ella" puede ayudar a incluir a personas no binarias, que no se identifican con los géneros masculino o femenino. También es importante utilizar términos precisos y respetuosos para describir la identidad de género y la orientación sexual de las personas LGTBI, como "gay", "lesbiana", "bisexual" o "transgénero", en lugar de términos ofensivos o peyorativos.

⇨ La utilización de un lenguaje inclusivo y respetuoso puede ayudar a crear un ambiente en el que las personas LGTBI se sientan seguras y valoradas, y donde se sientan cómodas para ser ellas mismas. Esto puede mejorar la salud mental y emocional de las personas LGTBI y puede ayudar a prevenir la discriminación y el acoso.

⇨ Por otro lado, el lenguaje excluyente o discriminatorio puede perpetuar estereotipos y prejuicios que pueden ser dañinos para las personas LGTBI. El uso de términos ofensivos o peyorativos puede ser hiriente y ofensivo para las personas LGTBI y puede perpetuar la discriminación y el acoso. También es importante tener en cuenta que el lenguaje puede ser utilizado de manera sutil para excluir a las personas LGTBI, por ejemplo, utilizando términos como "familia tradicional" para referirse exclusivamente a parejas heterosexuales, lo que puede ser alienante para las familias LGTBI.

Resumen

- Aceptar y respetar la diversidad:
  - ⇨ Promover una cultura de inclusión y tolerancia.
  - ⇨ Establecer políticas inclusivas que protejan contra la discriminación y promuevan un ambiente seguro y acogedor.
- Capacitación y sensibilización:
  - ⇨ Ofrecer talleres y capacitaciones sobre diversidad sexual y de género.
  - ⇨ Informar sobre políticas inclusivas y proporcionar formación en servicios de atención al cliente.
- Apoyo a eventos LGTBI:
  - ⇨ Participar y patrocinar eventos y organizaciones LGTBI.
  - ⇨ Establecer alianzas con organizaciones LGTBI locales y nacionales.
- Liderazgo inclusivo:
  - ⇨ Promover la contratación y ascenso de personas de diferentes orientaciones sexuales e identidades de género.
  - ⇨ Ofrecer oportunidades de liderazgo y empoderamiento para las personas LGTBI dentro de la organización.
- Comunicación inclusiva:
  - ⇨ Asegurarse de que la comunicación y promoción sean inclusivas y representativas de la diversidad sexual y de género.
  - ⇨ Utilizar imágenes y lenguaje inclusivo en todos los materiales de la empresa.
- Espacios seguros:
  - ⇨ Proporcionar grupos de apoyo y eventos específicos para personas LGTBI.
  - ⇨ Capacitar al personal para crear ambientes seguros y acogedores.

- Servicios de atención médica y social inclusivos:
  - ⇨ Capacitar a los profesionales de salud sobre la diversidad sexual y de género.
  - ⇨ Ofrecer servicios de apoyo a la salud mental y tratamientos de reasignación de género sin discriminación.
- Políticas y prácticas organizacionales:
  - ⇨ Establecer políticas explícitas contra la discriminación.
  - ⇨ Incluir a personas LGTBI en la planificación y toma de decisiones.
  - ⇨ Promover la diversidad a través de campañas y materiales inclusivos.
- Recursos y apoyo:
  - ⇨ Proporcionar asesoramiento, asistencia jurídica y recursos de salud mental para personas LGTBI.
  - ⇨ Establecer líneas de ayuda y programas de apoyo social.
- Lenguaje inclusivo:
  - ⇨ Utilizar pronombres y términos respetuosos que reflejen correctamente la identidad de género y la orientación sexual.
  - ⇨ Evitar el uso de términos ofensivos y promover un lenguaje que incluya a personas no binarias y de diversas orientaciones sexuales.

UNIDAD

1.5. Protocolo de Actuación Frente el Acoso Sexual

Contenido de la Unidad

- Introducción
- Definir el Acoso Sexual
- Política de Cero Tolerancia
- Proceso de Denuncia
- Proceso de Iinvestigación
- Proceso de Seguimiento
- Formación y Capacitación
- Apoyo a las Víctimas
- Evaluación y Actualización del Protocolo
- Resumen

ICB
EDITORES

1. Introducción

El acoso sexual es una forma de violencia y discriminación que afecta a muchas personas en el lugar de trabajo. Para prevenir y responder adecuadamente al acoso sexual en una empresa, es necesario tener un protocolo de actuación claro y eficaz.

En este tema se describen los pasos a seguir para crear un protocolo de actuación frente al acoso sexual en una empresa:

1. Definir el acoso sexual
2. Establecer una política de cero tolerancia
3. Establecer un proceso de denuncia
4. Establecer un proceso de investigación
5. Establecer un proceso de seguimiento
6. Proporcionar formación y capacitación
7. Proporcionar apoyo a las víctimas
8. Evaluar y actualizar regularmente el protocolo

2. Definir el Acoso Sexual

Es importante que la empresa tenga una definición clara del acoso sexual, que incluya ejemplos y situaciones específicas. Esto ayudará a que los empleados entiendan lo que constituye el acoso sexual y cómo reconocerlo.

La definición del acoso sexual puede ser incorporada en la política de la empresa o en un código de conducta que se les entregue a todos los empleados. Algunos ejemplos de cómo una empresa puede definir el acoso sexual incluyen:

- El acoso sexual se define como cualquier comportamiento, comentario, gesto, toque, mirada, insinuación o proposición de naturaleza sexual que resulte ofensivo, humillante o intimidante para la persona afectada.

Ejemplo:

Comentario: Un compañero de trabajo comenta en varias ocasiones sobre la apariencia física de una colega, diciendo cosas como "Hoy te ves muy sexy en ese vestido".

Gesto: Un superior le hace gestos insinuantes a una empleada cuando pasan cerca.

Toque: Un colega toca repetidamente el hombro o la espalda baja de una empleada a pesar de que ella ha mostrado incomodidad.

Mirada: Un empleado mira fijamente a una compañera de manera lasciva y persistente, haciéndola sentir incómoda.

Insinuación: Un superior insinúa que una trabajadora podría obtener un ascenso si accede a salir con él.

Proposición: Un jefe le propone a una empleada tener una cita romántica a cambio de mejorar sus condiciones laborales.

- El acoso sexual se produce cuando se hace un uso indebido del poder o la autoridad para obtener un favor o una atención sexual no deseada, o cuando se crea un ambiente laboral intimidante, hostil o humillante basado en el sexo o la orientación sexual de la persona afectada.

Ejemplo:

Favor o atención sexual: Un jefe amenaza con despedir a una empleada si no acepta salir con él o tener una relación íntima.

Ambiente laboral hostil: Un gerente permite o fomenta bromas de contenido sexual en las reuniones del equipo, lo que crea un ambiente incómodo y hostil para los empleados, especialmente para las mujeres.

- El acoso sexual incluye cualquier comportamiento verbal o físico no deseado de naturaleza sexual que afecte a la persona en su trabajo, incluyendo comentarios sexuales, preguntas inapropiadas sobre la vida sexual de la persona, insinuaciones, propuestas de relaciones sexuales, toques no deseados, y cualquier otro comportamiento de naturaleza sexual que pueda resultar ofensivo para la persona afectada.

Ejemplo:

Comportamiento verbal: Un compañero de trabajo hace preguntas inapropiadas y persistentes sobre la vida sexual de una colega durante las horas de trabajo.

Propuestas de relaciones sexuales: Un superior le sugiere a una empleada en repetidas ocasiones que deberían tener una relación sexual, a pesar de que ella ha expresado claramente su rechazo.

Toques no deseados: Un compañero de trabajo toca a una colega de manera inapropiada y no deseada en el brazo o la espalda durante las conversaciones laborales.

3. Política de Cero Tolerancia

La empresa debe establecer una política de cero tolerancia hacia el acoso sexual, que establezca que el acoso sexual no será tolerado en ningún nivel de la empresa y que se tomarán medidas enérgicas contra cualquier persona que cometa acoso sexual.

- Incluir la política en el código de conducta: La política de cero tolerancia debe ser incluida en el código de conducta de la empresa, para que todos los empleados estén al tanto de la política y sepan que el acoso sexual no es tolerado.

Ejemplo:

La empresa actualiza su código de conducta para incluir una sección específica sobre la política de cero tolerancia hacia el acoso sexual, detallando qué comportamientos constituyen acoso y las consecuencias de violar la política.

- Comunicar la política de manera clara: La empresa debe comunicar la política de manera clara y directa a todos los empleados, para que entiendan que cualquier forma de acoso sexual es inaceptable y que se tomarán medidas enérgicas contra cualquier persona que lo cometa.

Ejemplo:

Durante una reunión general de la empresa, el CEO presenta la política de cero tolerancia y se envía un correo electrónico a todos los empleados con un documento que describe la política y los procedimientos para reportar acoso sexual.

- Establecer medidas disciplinarias claras: La empresa debe establecer medidas disciplinarias claras para el acoso sexual, incluyendo la terminación del empleo o la acción legal, dependiendo de la gravedad del caso.

Ejemplo:

La empresa establece un protocolo que indica que cualquier empleado acusado de acoso sexual será suspendido inmediatamente mientras se investiga la denuncia y que, si se encuentra culpable, podría enfrentar medidas disciplinarias que van desde una advertencia formal hasta la terminación del empleo.

- Establecer un proceso de denuncia confidencial: La empresa debe establecer un proceso de denuncia confidencial para que los empleados puedan reportar cualquier forma de acoso sexual, sin temor a represalias. Esto puede incluir un formulario de denuncia confidencial, un número de teléfono de contacto o una dirección de correo electrónico.

Ejemplo:

La empresa implementa una línea telefónica confidencial y un buzón de correo electrónico seguro donde los empleados pueden reportar incidentes de acoso sexual sin temor a represalias. Estos canales están gestionados por un equipo de recursos humanos entrenado en manejo de denuncias de acoso.

- Investigar todas las denuncias: La empresa debe investigar todas las denuncias de acoso sexual de manera imparcial y exhaustiva, para garantizar que se tomen medidas apropiadas contra los responsables.

Ejemplo:

Cuando se recibe una denuncia de acoso sexual, un equipo de investigación interno, compuesto por miembros del departamento legal y de recursos humanos, realiza una investigación exhaustiva e imparcial, entrevistando a todas las partes involucradas y recopilando evidencia relevante antes de tomar una decisión.

- Proporcionar formación y capacitación: La empresa debe proporcionar formación y capacitación a todos los empleados sobre la política de cero tolerancia hacia el acoso sexual, para que sepan cómo reconocer el acoso sexual y cómo reportarlo.

Ejemplo:

La empresa organiza talleres obligatorios de formación sobre acoso sexual para todos los empleados, incluyendo simulaciones de situaciones y sesiones de preguntas y respuestas para asegurar que todos entienden cómo identificar y reportar el acoso.

- Monitorear y evaluar la efectividad de la política: La empresa debe monitorear y evaluar regularmente la efectividad de la política de cero tolerancia hacia el acoso sexual, para asegurarse de que se esté implementando adecuadamente y de que se estén tomando medidas apropiadas para prevenir el acoso sexual.

Ejemplo:

Cada seis meses, la empresa realiza encuestas anónimas entre los empleados para evaluar la percepción de la política de cero tolerancia y su efectividad. Los resultados se analizan y, si es necesario, se realizan ajustes a la política y a los procedimientos de denuncia e investigación.

4. Proceso de Denuncia

Es necesario establecer un proceso claro y confidencial para que los empleados puedan denunciar el acoso sexual. Esto puede incluir un formulario de denuncia confidencial, un número de teléfono de contacto o una dirección de correo electrónico.

- Incluir la política en el código de conducta: La política de cero tolerancia debe ser incluida en el código de conducta de la empresa, para que todos los empleados estén al tanto de la política y sepan que el acoso sexual no es tolerado.

Ejemplo:

El nuevo código de conducta de la empresa incluye un capítulo específico sobre la política de cero tolerancia hacia el acoso sexual, describiendo claramente qué comportamientos son inaceptables y las sanciones correspondientes.

- Comunicar la política de manera clara: La empresa debe comunicar la política de manera clara y directa a todos los empleados, para que entiendan que cualquier forma de acoso sexual es inaceptable y que se tomarán medidas enérgicas contra cualquier persona que lo cometa.

  Ejemplo:

En una reunión general, el director de recursos humanos presenta la política de cero tolerancia, y se envía un boletín electrónico a todos los empleados con información detallada sobre la política y los procedimientos de denuncia.

- Establecer medidas disciplinarias claras: La empresa debe establecer medidas disciplinarias claras para el acoso sexual, incluyendo la terminación del empleo o la acción legal, dependiendo de la gravedad del caso.

  Ejemplo:

La empresa define que cualquier empleado encontrado culpable de acoso sexual enfrentará consecuencias que pueden ir desde una advertencia formal hasta la terminación del contrato laboral, dependiendo de la gravedad del incidente. Estos lineamientos se comunican claramente a todo el personal.

- Establecer un proceso de denuncia confidencial: La empresa debe establecer un proceso de denuncia confidencial para que los empleados puedan reportar cualquier forma de acoso sexual, sin temor a represalias. Esto puede incluir un formulario de denuncia confidencial, un número de teléfono de contacto o una dirección de correo electrónico.

  Ejemplo:

Se establece un sistema de denuncias confidenciales mediante una plataforma online segura y accesible desde cualquier dispositivo.

También se designa un equipo de respuesta rápida que garantice que todas las denuncias sean tratadas con la máxima confidencialidad y seriedad.

- Investigar todas las denuncias: La empresa debe investigar todas las denuncias de acoso sexual de manera imparcial y exhaustiva, para garantizar que se tomen medidas apropiadas contra los responsables.

Ejemplo:

Cada vez que se recibe una denuncia, se forma un comité de investigación compuesto por personal de recursos humanos y asesores legales, que se encarga de entrevistar a las partes involucradas y revisar todas las pruebas antes de tomar una decisión imparcial.

- Proporcionar formación y capacitación: La empresa debe proporcionar formación y capacitación a todos los empleados sobre la política de cero tolerancia hacia el acoso sexual, para que sepan cómo reconocer el acoso sexual y cómo reportarlo.

Ejemplo:

La empresa organiza talleres trimestrales de formación sobre acoso sexual para todos los empleados, que incluyen ejemplos prácticos, estudios de caso y sesiones interactivas para asegurar una comprensión completa del tema.

- Monitorear y evaluar la efectividad de la política: La empresa debe monitorear y evaluar regularmente la efectividad de la política de cero tolerancia hacia el acoso sexual, para asegurarse de que se esté implementando adecuadamente y de que se estén tomando medidas apropiadas para prevenir el acoso sexual.

Ejemplo:

La empresa realiza auditorías anuales de la política de cero tolerancia, incluyendo encuestas anónimas a los empleados y revisiones de los procedimientos de denuncia e investigación para identificar áreas de mejora y asegurar que la política se está implementando eficazmente.

5. Proceso de Investigación

La empresa debe establecer un proceso de investigación claro y eficaz para investigar las denuncias de acoso sexual. Esto puede incluir entrevistas con testigos, revisión de registros y documentación, y la participación de un equipo de investigación especializado.

- Establecer un equipo de investigación especializado: La empresa puede establecer un equipo de investigación especializado que tenga experiencia en la investigación de denuncias de acoso sexual y que pueda llevar a cabo investigaciones imparciales y efectivas.

Ejemplo:

La empresa forma un equipo de investigación compuesto por profesionales de recursos humanos y asesores legales con formación específica en la investigación de acoso sexual.

Este equipo recibe capacitación continua para mantenerse actualizado en las mejores prácticas y las leyes relevantes.

- Establecer un proceso de denuncia claro y confidencial: La empresa debe establecer un proceso de denuncia claro y confidencial para que los empleados puedan reportar cualquier forma de acoso sexual. Esto puede incluir un formulario de denuncia confidencial, un número de teléfono de contacto o una dirección de correo electrónico.

Ejemplo:

La empresa habilita un portal online seguro donde los empleados pueden presentar denuncias de acoso sexual de manera confidencial. También se proporciona un número de teléfono y una dirección de correo electrónico gestionados por el equipo de investigación especializado.

- Entrevistar a la persona afectada y a los testigos: El equipo de investigación debe entrevistar a la persona afectada y a cualquier testigo que pueda tener información relevante sobre la denuncia.

Ejemplo:

Al recibir una denuncia, el equipo de investigación organiza entrevistas con la persona afectada y cualquier testigo identificado. Las entrevistas se realizan en un ambiente privado y seguro para asegurar la confidencialidad y el confort de los participantes.

- Revisar registros y documentación: El equipo de investigación debe revisar registros y documentación relevantes, como correos electrónicos, mensajes de texto, registros de llamadas y otros documentos que puedan respaldar o contradecir la denuncia.

Ejemplo:

El equipo de investigación accede a correos electrónicos, mensajes de texto y registros de llamadas entre la persona afectada y el acusado. También revisan cualquier informe previo de comportamiento inapropiado y otros documentos que puedan ser relevantes para la denuncia.

- Evaluar la credibilidad de las pruebas: El equipo de investigación debe evaluar la credibilidad de las pruebas y determinar si son suficientes para respaldar la denuncia de acoso sexual.

Ejemplo:

Durante la investigación, el equipo evalúa la consistencia y veracidad de las declaraciones de la persona afectada y los testigos, así como la autenticidad de los documentos revisados. Se considera la coherencia de los relatos y cualquier evidencia física disponible.

- Tomar medidas adecuadas: Si se encuentra que la denuncia de acoso sexual es válida, la empresa debe tomar medidas adecuadas para prevenir futuros casos de acoso sexual, incluyendo la acción disciplinaria y la implementación de políticas y procedimientos de prevención del acoso sexual.

Ejemplo:

Si la investigación confirma la denuncia de acoso sexual, la empresa toma medidas disciplinarias contra el responsable, que pueden incluir la terminación del empleo. Además, se refuerzan las políticas de prevención y se ofrece formación adicional a todos los empleados para evitar futuros incidentes.

- Proporcionar informes y actualizaciones: La empresa debe proporcionar informes y actualizaciones a la persona afectada y a cualquier testigo que pueda tener información relevante sobre el progreso de la investigación y las medidas que se están tomando para prevenir futuros casos de acoso sexual.

Ejemplo:

A lo largo de la investigación, el equipo mantiene a la persona afectada informada sobre el progreso del caso a través de reuniones regulares o comunicaciones confidenciales. Una vez concluida la investigación, se proporciona un informe detallado sobre los hallazgos y las acciones tomadas.

6. Proceso de Seguimiento

Es importante que la empresa tenga un proceso de seguimiento para asegurarse de que las denuncias de acoso sexual se investiguen y resuelvan adecuadamente. Esto puede incluir la asignación de un administrador de casos para supervisar el proceso de denuncia y asegurarse de que se tomen las medidas adecuadas para prevenir futuros casos de acoso sexual.

- Asignar un administrador de casos: La empresa puede asignar un administrador de casos para supervisar el proceso de denuncia y asegurarse de que se tomen las medidas adecuadas para prevenir futuros casos de acoso sexual.

Ejemplo:

La empresa designa a un miembro del equipo de recursos humanos como administrador de casos, responsable de supervisar todas las denuncias de acoso sexual. Este administrador tiene la autoridad para coordinar investigaciones, asegurar que se tomen medidas apropiadas y mantener la comunicación con la persona afectada.

- Realizar un seguimiento de la denuncia: El administrador de casos debe realizar un seguimiento de la denuncia de acoso sexual y asegurarse de que se esté investigando adecuadamente. Esto puede incluir revisar la documentación relevante y hablar con la persona afectada y otros testigos.

Ejemplo:

El administrador de casos revisa periódicamente la documentación relacionada con una denuncia específica, se reúne con la persona afectada para discutir el progreso de la investigación y entrevista a testigos adicionales si es necesario para asegurar una investigación exhaustiva.

- Evaluar las medidas disciplinarias: El administrador de casos debe evaluar las medidas disciplinarias que se tomen en caso de que se determine que ha ocurrido acoso sexual. Esto puede incluir la terminación del empleo, la implementación de medidas disciplinarias específicas y la revisión de las políticas y procedimientos de prevención del acoso sexual.

Ejemplo:

Después de que se confirma una denuncia de acoso sexual, el administrador de casos revisa las medidas disciplinarias propuestas, como la suspensión o terminación del empleado infractor, para asegurarse de que sean apropiadas y proporcionales a la gravedad del incidente. También evalúa si se necesita una revisión de las políticas existentes.

- Revisar las políticas y procedimientos de prevención del acoso sexual: El administrador de casos debe revisar las políticas y procedimientos de prevención del acoso sexual de la empresa para asegurarse de que sean efectivos y que se estén implementando adecuadamente.

Ejemplo:

Cada seis meses, el administrador de casos realiza una revisión completa de las políticas y procedimientos de prevención del acoso sexual de la empresa. Durante esta revisión, se consultan las mejores prácticas de la industria y se ajustan las políticas según sea necesario para mejorar su efectividad.

- Proporcionar informes y actualizaciones: El administrador de casos debe proporcionar informes y actualizaciones a la persona afectada y a cualquier testigo que pueda tener información relevante sobre el progreso de la investigación y las medidas que se están tomando para prevenir futuros casos de acoso sexual.

Ejemplo:

Durante la investigación de una denuncia, el administrador de casos envía actualizaciones mensuales a la persona afectada y a los testigos relevantes, detallando los avances de la investigación y las acciones que se están tomando para abordar la denuncia y prevenir futuros incidentes.

- Proporcionar formación y capacitación: La empresa debe proporcionar formación y capacitación a todos los empleados sobre las políticas y procedimientos de prevención del acoso sexual y la importancia de reportar cualquier forma de acoso sexual.

Ejemplo:

La empresa organiza sesiones de formación semestrales para todos los empleados, enfocándose en la importancia de reportar cualquier forma de acoso sexual y en los procedimientos adecuados para hacerlo. Estas sesiones incluyen talleres interactivos y presentaciones sobre las políticas de la empresa y los derechos de los empleados.

7. FORMACIÓN Y CAPACITACIÓN

Es necesario proporcionar formación y capacitación sobre el acoso sexual a todos los empleados, para que puedan reconocer el acoso sexual y entender el proceso de denuncia y resolución.

La formación también debe incluir información sobre la política de la empresa y las sanciones por acoso sexual.

- Identificar las necesidades de formación: La empresa debe identificar las necesidades de formación de los empleados en relación con el acoso sexual, incluyendo la definición de acoso sexual, cómo reconocer el acoso sexual, el proceso de denuncia y resolución, y las políticas y sanciones de la empresa en relación con el acoso sexual.

Ejemplo:

La empresa realiza una encuesta anónima a los empleados para identificar su comprensión actual del acoso sexual, incluyendo definiciones, reconocimiento de comportamientos inapropiados, y conocimiento del proceso de denuncia y resolución. Los resultados de la encuesta se utilizan para determinar las áreas donde se necesita más formación.

- Desarrollar materiales de formación: La empresa debe desarrollar materiales de formación claros y concisos para todos los empleados, que cubran los temas identificados en la fase anterior. Los materiales pueden incluir presentaciones en vivo, folletos informativos, videos o programas de formación en línea.

Ejemplo:

Basándose en las necesidades identificadas, la empresa desarrolla un conjunto de materiales de formación que incluye una presentación en PowerPoint para sesiones en vivo, un folleto informativo detallado sobre las políticas y sanciones, varios videos explicativos y un curso de formación en línea interactivo.

- Asignar un instructor de formación: La empresa debe asignar un instructor de formación para impartir la formación y garantizar que se entiendan correctamente los temas cubiertos en los materiales de formación.

  Ejemplo:

La empresa asigna a un miembro del departamento de recursos humanos, con formación en derecho laboral y experiencia en la capacitación sobre acoso sexual, como instructor principal.

Este instructor se encarga de impartir las sesiones de formación y responder a las preguntas de los empleados.

- Programar sesiones de formación: La empresa debe programar sesiones de formación regulares para todos los empleados, para asegurarse de que se cubran las necesidades de formación identificadas en la fase 1. Las sesiones de formación pueden ser impartidas en el lugar de trabajo o en línea.

  Ejemplo:

La empresa programa sesiones de formación trimestrales para todos los empleados. Las sesiones se realizan tanto en el lugar de trabajo como en línea para acomodar a aquellos que trabajan de forma remota. Se establece un calendario accesible para que todos los empleados puedan asistir a una de las sesiones.

- Evaluar la efectividad de la formación: La empresa debe evaluar la efectividad de la formación sobre el acoso sexual, para asegurarse de que se estén cubriendo adecuadamente los temas identificados y que los empleados estén comprendiendo el material.

  Ejemplo:

Al finalizar cada sesión de formación, la empresa distribuye cuestionarios de evaluación para medir la comprensión y satisfacción de los empleados con la formación. Además, se realizan evaluaciones de seguimiento a los tres meses para verificar si los empleados están aplicando lo aprendido en su entorno laboral.

- Proporcionar formación de actualización: La empresa debe proporcionar formación de actualización regular sobre el acoso sexual, para asegurarse de que los empleados estén al tanto de cualquier cambio en las políticas o procedimientos de la empresa relacionados con el acoso sexual.

  Ejemplo:

  La empresa establece un calendario anual de formación de actualización donde se incluyen cualquier cambio en las políticas o procedimientos relacionados con el acoso sexual. Estas sesiones de actualización también repasan los conceptos básicos y ofrecen nuevas estrategias para reconocer y denunciar el acoso.

8. Apoyo a las Víctimas

La empresa debe proporcionar apoyo a las víctimas de acoso sexual, incluyendo asesoramiento, recursos de apoyo y asistencia jurídica si es necesario. También es importante proporcionar medidas de protección para garantizar la seguridad de las víctimas y prevenir represalias.

- Asignar un punto de contacto: La empresa debe asignar un punto de contacto específico para que las víctimas de acoso sexual se comuniquen con él. Este punto de contacto debe estar capacitado para proporcionar asesoramiento y recursos de apoyo, y estar disponible para responder a las consultas de las víctimas en cualquier momento.

  Ejemplo:

  La empresa designa a un consejero especializado en recursos humanos como punto de contacto para las víctimas de acoso sexual. Este consejero está disponible las 24 horas a través de una línea telefónica directa y un correo electrónico exclusivo, proporcionando apoyo y orientación inmediata a las víctimas.

- Proporcionar recursos de apoyo: La empresa debe proporcionar recursos de apoyo a las víctimas de acoso sexual, incluyendo información sobre los servicios de atención médica y de salud mental, recursos legales, y organizaciones de apoyo a las víctimas de acoso sexual.

Ejemplo:

La empresa distribuye un folleto y crea una página en su intranet con información sobre servicios de atención médica y de salud mental, líneas de ayuda, recursos legales, y organizaciones de apoyo a las víctimas de acoso sexual. También se ofrece acceso a sesiones de asesoramiento gratuitas con un terapeuta externo.

- Proteger a las víctimas: La empresa debe tomar medidas de protección para garantizar la seguridad de las víctimas y prevenir represalias. Esto puede incluir cambiar la ubicación de trabajo o asignar un horario diferente a la víctima para evitar el contacto con la persona acusada de acoso sexual.

Ejemplo:

Para garantizar la seguridad de una víctima de acoso sexual, la empresa reubica temporalmente a la víctima en otra oficina y ajusta su horario de trabajo para evitar el contacto con el acosador. Se toman medidas adicionales como cambiar las contraseñas de correo electrónico y restringir el acceso del acosador a ciertas áreas.

- Proporcionar asistencia jurídica: Si es necesario, la empresa debe proporcionar asistencia jurídica a las víctimas de acoso sexual para ayudarlas a proteger sus derechos y obtener justicia.

Ejemplo:

La empresa contrata a un abogado especializado en derechos laborales y lo pone a disposición de las víctimas de acoso sexual para consultas legales gratuitas. Este abogado ayuda a las víctimas a entender sus derechos y les proporciona representación legal si deciden tomar acciones legales contra el acosador.

- Evaluar la efectividad del apoyo: La empresa debe evaluar la efectividad del apoyo proporcionado a las víctimas de acoso sexual, para asegurarse de que se están cubriendo adecuadamente las necesidades de las víctimas y que están recibiendo el apoyo adecuado.

Ejemplo:

Después de proporcionar apoyo a una víctima, la empresa realiza una encuesta anónima para evaluar la efectividad de los recursos y el apoyo brindado.

Los resultados de la encuesta se utilizan para hacer ajustes y mejorar los servicios de apoyo.

- Proporcionar formación de actualización: La empresa debe proporcionar formación de actualización regular a los empleados y al punto de contacto sobre la política de la empresa en relación con el acoso sexual y la importancia de proporcionar un apoyo adecuado a las víctimas.

Ejemplo:

La empresa organiza sesiones de formación de actualización anuales para todos los empleados y el punto de contacto, enfocándose en las políticas de la empresa sobre acoso sexual, la importancia de brindar un apoyo adecuado a las víctimas, y las mejores prácticas para manejar estos casos. Estas sesiones incluyen talleres interactivos y estudios de caso.

9. Evaluación y Actualización del Protocolo

Es importante que la empresa evalúe regularmente el protocolo de actuación frente al acoso sexual para asegurarse de que es eficaz y actualizado. Esto puede incluir la revisión de las políticas y procedimientos, la capacitación y la recopilación de comentarios de los empleados.

- Revisar las políticas y procedimientos: La empresa debe revisar regularmente las políticas y procedimientos relacionados con el acoso sexual para asegurarse de que sean efectivos y actualizados. Esto puede incluir la actualización de la definición de acoso sexual, la revisión de las sanciones y las medidas disciplinarias, y la actualización de los procedimientos de denuncia.

Ejemplo:

La empresa lleva a cabo una revisión anual de sus políticas y procedimientos de acoso sexual, durante la cual un comité especializado revisa la definición de acoso sexual, las sanciones y las medidas disciplinarias. Basándose en las últimas investigaciones y cambios legislativos, el comité actualiza el protocolo de denuncia para incluir opciones adicionales como un chat en vivo para reportes confidenciales.

- Proporcionar formación y capacitación: La empresa debe proporcionar formación y capacitación a los empleados para garantizar que comprendan la política de la empresa en relación con el acoso sexual y el protocolo de actuación. También es importante proporcionar formación de actualización regular para garantizar que los empleados estén al tanto de cualquier cambio en la política o el protocolo.

Ejemplo:

La empresa organiza talleres semestrales donde se repasan las políticas actuales de acoso sexual y el protocolo de actuación. Además, cada vez que se actualiza la política, se proporciona formación específica para garantizar que todos los empleados estén al tanto de los cambios. Estos talleres incluyen ejercicios interactivos y estudios de caso para facilitar la comprensión.

- Recopilar comentarios de los empleados: La empresa debe recopilar comentarios de los empleados sobre la efectividad del protocolo de actuación frente al acoso sexual. Esto puede incluir la realización de encuestas y la recopilación de comentarios a través de reuniones y grupos de discusión.

Ejemplo:

La empresa distribuye una encuesta anónima cada seis meses para recopilar comentarios de los empleados sobre la efectividad del protocolo de actuación frente al acoso sexual. Además, organiza reuniones de grupo y discusiones en mesas redondas para obtener una retroalimentación más detallada sobre posibles mejoras.

- Evaluar la efectividad del protocolo: La empresa debe evaluar regularmente la efectividad del protocolo de actuación frente al acoso sexual para asegurarse de que se están abordando adecuadamente los casos de acoso sexual y que se están tomando medidas preventivas para prevenir futuros casos.

Ejemplo:

Un equipo de recursos humanos realiza una evaluación trimestral del protocolo de actuación frente al acoso sexual, analizando las estadísticas de denuncias, la rapidez de las investigaciones, y la satisfacción de los empleados con las medidas tomadas. Los resultados de esta evaluación se presentan a la alta dirección y se discuten en una reunión general de la empresa.

- Actualizar el protocolo según sea necesario: La empresa debe actualizar el protocolo de actuación frente al acoso sexual según sea necesario en base a los comentarios de los empleados y la evaluación de la efectividad del protocolo.

Ejemplo:

Basándose en los comentarios de las encuestas y las evaluaciones trimestrales, la empresa decide actualizar su protocolo para incluir una opción de denuncia a través de una aplicación móvil. También añade nuevos recursos de apoyo para las víctimas y actualiza las sesiones de formación para reflejar estos cambios. Un comunicado oficial se envía a todos los empleados para informarles de las actualizaciones.

Resumen

- El documento establece un protocolo de actuación frente al acoso sexual en el ámbito laboral, con el objetivo de prevenir y responder de manera efectiva a estos incidentes.
- Se comienza por definir claramente qué se entiende por acoso sexual, incluyendo ejemplos específicos de conductas inaceptables, tales como comentarios inapropiados, gestos insinuantes, toques no deseados, miradas lascivas, insinuaciones y proposiciones sexuales. Se subraya que el acoso sexual implica el uso indebido de poder o autoridad para obtener favores sexuales no deseados o crear un ambiente laboral hostil.
- La empresa debe adoptar una política de cero tolerancia hacia el acoso sexual, que se incorpore en el código de conducta y se comunique claramente a todos los empleados. Esta política debe especificar los comportamientos prohibidos y las consecuencias de violar estas normas, que pueden incluir desde advertencias hasta la terminación del empleo o acciones legales.
- Es esencial establecer un proceso de denuncia confidencial que permita a los empleados reportar casos de acoso sexual sin temor a represalias. Todas las denuncias deben ser investigadas de manera imparcial y exhaustiva por un equipo especializado en estos asuntos.
- La formación y capacitación son componentes clave del protocolo. La empresa debe educar a todos los empleados sobre cómo identificar y reportar el acoso sexual, así como sobre la política de cero tolerancia. Estas sesiones de formación deben ser regulares y actualizadas para reflejar cualquier cambio en las políticas.
- El documento también enfatiza la necesidad de proporcionar apoyo a las víctimas de acoso sexual. Esto incluye ofrecer asesoramiento, recursos de apoyo, asistencia jurídica y medidas de protección para garantizar su seguridad y evitar represalias.

- Finalmente, el protocolo debe ser monitoreado y evaluado continuamente para asegurar su efectividad. La empresa debe revisar y actualizar las políticas y procedimientos regularmente, basándose en los comentarios de los empleados y las evaluaciones de su implementación. Esto garantiza que las medidas adoptadas sigan siendo adecuadas y efectivas para prevenir y manejar el acoso sexual en el lugar de trabajo.

Glosario

Heterosexualidad

Orientación sexual en la que una persona se siente atraída emocional, romántica y/o sexualmente por personas del sexo opuesto.

Homosexualidad

Orientación sexual caracterizada por la atracción emocional, romántica y/o sexual hacia personas del mismo género.

Bisexualidad

Orientación sexual donde la persona puede sentirse atraída emocional, romántica y/o sexualmente por más de un género.

Transexualidad

Condición de personas que experimentan una disonancia entre su género biológico y su identidad de género, a menudo acompañada de una transición para alinear su cuerpo con su identidad de género mediante tratamientos médicos y/o quirúrgicos.

Asexualidad

Orientación sexual caracterizada por la falta de atracción sexual hacia otras personas, independientemente de su género o identidad sexual. Las personas asexuales pueden o no experimentar atracción romántica.

Pansexualidad

Orientación sexual que implica la atracción emocional, romántica o sexual hacia personas de cualquier género o identidad sexual.

Demisexualidad

Forma de sexualidad donde la atracción sexual surge solo después de establecer una conexión emocional profunda.

Polisexualidad

Orientación sexual caracterizada por la atracción hacia personas de múltiples, pero no necesariamente todos, géneros.

Omnisexualidad

Atracción sexual, emocional o romántica hacia personas de todos los géneros, con un reconocimiento consciente y apreciación de estos géneros en la atracción.

Heteroflexibilidad

Descripción de individuos que se identifican principalmente como heterosexuales pero que pueden experimentar atracción o participar en actividades sexuales con personas del mismo sexo bajo ciertas circunstancias.

Homoflexibilidad

Describe a individuos que se identifican generalmente como homosexuales pero que pueden experimentar atracción sexual hacia personas del sexo opuesto en situaciones específicas.

Queer

Término paraguas que engloba una amplia gama de identidades sexuales y de género que se sitúan fuera de lo heterosexual y cisgénero. Se usa también para desafiar las categorías binarias de género y sexualidad.

Identidad de género

Cómo una persona se identifica y se siente en relación con su género, lo cual puede o no corresponder con el sexo asignado al nacer.

Expresión de género

La forma en que una persona presenta y expresa su género a través de la vestimenta, el comportamiento y las interacciones personales.

Disforia de género

Experiencia de incomodidad o angustia debido a una discrepancia entre la identidad de género de una persona y su sexo asignado al nacer.

Libertad Sexual

Capacidad de explorar y expresar la sexualidad de un individuo sin culpa, vergüenza o miedo, aceptando su orientación sexual e identidad de género.

Normas Sociales

Reglas establecidas por la sociedad que influyen en el comportamiento de los individuos, incluida su expresión sexual.

Derechos Humanos

Derechos fundamentales que incluyen la libertad sexual, protección contra la violencia sexual y la explotación.

Diversidad Sexual

Reconocimiento y aceptación de diferentes orientaciones sexuales e identidades de género.

Interseccionalidad

Enfoque que considera cómo diferentes identidades y formas de opresión se cruzan y afectan las experiencias individuales, incluida la libertad sexual.

Autonomía Corporal

Derecho a tomar decisiones autónomas sobre el propio cuerpo y la sexualidad.

Consentimiento

Acuerdo entre participantes para participar en actividades sexuales.

Normas de Género

Expectativas sociales basadas en el género que pueden influir en la expresión y experiencia sexual de las personas.

Identidad de Género

Sentido interno y personal de uno mismo como hombre, mujer, ambos, ninguno o en algún punto entre estos.

Desarrollo Psicosexual

Teoría de Freud sobre las etapas de desarrollo sexual desde la infancia hasta la adultez.

Teoría de la Identidad de Erikson

Teoría que describe cómo la identidad se desarrolla a través de ocho etapas de conflictos psicosociales.

Interaccionismo Simbólico

Teoría sociológica que enfatiza cómo las personas crean significados a través de interacciones sociales, incluyendo la sexualidad.

Teoría del Conflicto

Enfoque que examina cómo las desigualdades de poder en la sociedad afectan la libertad y la expresión sexual.

Habitus (Bourdieu)

Patrones de pensamiento y comportamiento aprendidos a través de la socialización que afectan cómo las personas perciben y expresan su sexualidad.

Educación Sexual

Proceso de adquirir información y formar actitudes y creencias sobre la sexualidad, relaciones y derechos sexuales y reproductivos.

Discriminación directa

Trato desfavorable a una persona o grupo por orientación e identidad sexuales, expresión de género o características sexuales.

Discriminación indirecta

Efectos desfavorables causados por prácticas aparentemente neutras por razones de orientación sexual, identidad sexual, expresión de género o características sexuales.

Discriminación múltiple e interseccional

Discriminación simultánea por varias causas de discriminación.

Acoso discriminatorio

Conducta que atenta contra la dignidad de una persona, creando un entorno intimidatorio o humillante por razones de discriminación.

Discriminación por asociación y por error

Trato discriminatorio hacia una persona por su asociación con otras discriminadas, o por una percepción incorrecta de sus características.

Medidas de acción positiva

Diferencias de trato para prevenir o compensar formas de discriminación.

Intersexualidad

Condiciones de nacimiento con características biológicas que no encajan con definiciones típicas de cuerpos masculinos o femeninos.

Orientación sexual

Atracción física, sexual o afectiva hacia personas, que puede ser heterosexual, homosexual, o bisexual.

Identidad sexual

Vivencia interna del sexo de una persona, que puede coincidir o no con el sexo asignado al nacer.

Expresión de género

Manifestación externa de la identidad sexual de una persona.

Persona trans

Persona cuya identidad sexual no coincide con el sexo asignado al nacer.

Familia LGTBI

Familia con uno o más miembros LGTBI, incluyendo familias homoparentales.

LGTBIfobia

Actitud de rechazo hacia las personas LGTBI.

Homofobia, Bifobia, Transfobia

Rechazo específico hacia personas homosexuales, bisexuales o trans, respectivamente.

Inducción, orden o instrucción de discriminar

Instrucciones explícitas para llevar a cabo actos discriminatorios.

Inclusión LGTBI

La incorporación de personas lesbianas, gays, bisexuales, transgénero e intersexuales en todos los ámbitos de la sociedad para promover la equidad y el respeto.

Diversidad Sexual y de Género

Aceptación y respeto por las diferentes orientaciones sexuales e identidades de género que existen en la sociedad.

Políticas Inclusivas

Normativas y procedimientos establecidos para proteger a las personas LGTBI de la discriminación y promover un entorno seguro y acogedor.

Capacitación y Sensibilización

Programas educativos dirigidos a empleados y miembros de la comunidad para aumentar la comprensión y el apoyo a la diversidad sexual y de género.

Apoyo a Eventos LGTBI

Participación y patrocinio de eventos y organizaciones que promueven los derechos y la visibilidad de la comunidad LGTBI.

Liderazgo Inclusivo

Promoción de la diversidad en roles de liderazgo dentro de una organización, asegurando que las personas LGTBI tengan oportunidades de avanzar y liderar.

Comunicación Inclusiva

Uso de lenguaje y representaciones visuales que reflejan la diversidad sexual y de género de manera respetuosa y precisa.

Espacios Seguros

Ambientes dentro de la organización que son acogedores y seguros para las personas LGTBI, incluyendo grupos de apoyo y eventos específicos.

Servicios de Atención Médica Inclusivos

Provisión de atención médica y servicios sociales que respetan y atienden las necesidades específicas de las personas LGTBI.

No Discriminación

Compromiso de la organización de no discriminar a personas LGTBI en ningún aspecto de su operación, desde la contratación hasta la provisión de servicios.

Inclusión en la Planificación y Toma de Decisiones

Participación activa de personas LGTBI en los procesos de toma de decisiones de la organización para asegurar que sus necesidades y desafíos sean considerados.

Lenguaje Inclusivo

Uso de términos y pronombres respetuosos y precisos para referirse a las personas LGTBI, evitando expresiones ofensivas o discriminatorias.

Servicios de Apoyo Social

Provisión de recursos y apoyo a las personas LGTBI, incluyendo asesoramiento, asistencia jurídica y servicios de salud mental.

Programas de Mentores

Iniciativas donde personas con experiencia en temas LGTBI guían a otros para mejorar su comprensión y apoyo a la diversidad sexual y de género.

Formación sobre Políticas Inclusivas

Educación sobre las políticas inclusivas de la organización para asegurar que todos comprendan y apliquen estas normativas correctamente.

Talleres de Sensibilización

Actividades educativas para discutir la diversidad sexual y de género y los desafíos que enfrentan las personas LGTBI.

Selección de Personal Inclusivo

Contratación de personal que respete y entienda la diversidad sexual y de género, capacitado para atender a las necesidades de las personas LGTBI.

Beneficios y Recursos para LGTBI

Ofrecimiento de beneficios específicos, como inclusión de parejas del mismo sexo en los planes de beneficios y acceso a recursos de apoyo.

Evaluaciones de Impacto de Género

Análisis de los programas y servicios para asegurar que no perpetúan la discriminación basada en la orientación sexual o identidad de género.

Alianzas con Organizaciones LGTBI

Colaboración con organizaciones locales o nacionales para promover la inclusión y combatir la discriminación.

Eventos Específicos para Personas LGTBI

Organización de actividades que celebran y apoyan a la comunidad LGTBI, como el Día del Orgullo LGTBI.

Promoción de la Diversidad

Campañas y materiales de la organización que reflejan y promueven la diversidad sexual y de género.

Tratamientos de Reasignación de Género

Provisión de servicios médicos para personas transexuales que necesitan terapia hormonal o cirugía de reasignación de género.

Grupos de Apoyo

Espacios donde las personas LGTBI pueden compartir experiencias y recibir apoyo de otros.

Línea de Ayuda

Servicio de asistencia telefónica para personas LGTBI en situaciones de emergencia o crisis.

Acoso Sexual

Cualquier comportamiento, comentario, gesto, toque, mirada, insinuación o proposición de naturaleza sexual que resulta ofensivo, humillante o intimidante para la persona afectada. Puede incluir comportamientos verbales o físicos no deseados que afectan el entorno laboral.

Política de Cero Tolerancia

Política empresarial que establece que cualquier forma de acoso sexual no será tolerada y que se tomarán medidas enérgicas contra los infractores.

Código de Conducta

Conjunto de normas y políticas de la empresa que incluyen la definición de acoso sexual, la política de cero tolerancia y las consecuencias de violar estas políticas.

Proceso de Denuncia Confidencial

Mecanismos establecidos por la empresa para que los empleados puedan reportar casos de acoso sexual de manera confidencial, sin temor a represalias. Esto puede incluir formularios de denuncia, números de teléfono y direcciones de correo electrónico dedicados.

Medidas Disciplinarias

Acciones que la empresa puede tomar contra una persona que comete acoso sexual, que pueden variar desde advertencias formales hasta la terminación del empleo y acciones legales, dependiendo de la gravedad del caso.

Investigación de Denuncias

Procedimiento imparcial y exhaustivo que sigue la empresa para investigar todas las denuncias de acoso sexual. Incluye entrevistas a las partes involucradas, revisión de documentación y evaluación de pruebas.

Formación y Capacitación

Programas educativos proporcionados por la empresa para enseñar a los empleados cómo reconocer y reportar el acoso sexual. Incluyen talleres, sesiones interactivas, y formación continua para mantenerse actualizados sobre las políticas y procedimientos.

Monitoreo y Evaluación

Proceso regular de revisión y evaluación de la efectividad de las políticas de acoso sexual para asegurarse de que se implementan adecuadamente y se toman las medidas preventivas necesarias.

Apoyo a las Víctimas

Recursos y asistencia proporcionados a las víctimas de acoso sexual, que pueden incluir asesoramiento, asistencia jurídica y medidas de protección para garantizar su seguridad y prevenir represalias.

Administrador de Casos

Persona designada por la empresa para supervisar las denuncias de acoso sexual, coordinar las investigaciones y asegurarse de que se tomen las medidas adecuadas.

Equipo de Investigación Especializado

Grupo de profesionales con experiencia en la investigación de denuncias de acoso sexual, encargado de llevar a cabo investigaciones imparciales y efectivas.

Proceso de Seguimiento

Procedimientos para asegurar que todas las denuncias de acoso sexual se investiguen y resuelvan adecuadamente, incluyendo la supervisión continua y la evaluación de las medidas disciplinarias aplicadas.

Actualización del Protocolo

Revisión y modificación periódica del protocolo de actuación frente al acoso sexual basada en los comentarios de los empleados y la evaluación de su efectividad para asegurarse de que esté siempre actualizado y eficaz.

ICB
EDITORES